GW00467786

Isabel Santos Gargallo

Lingüística aplicada
a la enseñanza-aprendizaje del español
como lengua extranjera

ARCO/LIBROS, S.L.

Cuadernos de DIDÁCTICA del español/LE
Dirección: FRANCISCO MORENO

1ª edición, 1999
2ª edición, 2004
3ª edición, 2010

© by Arco Libros, S.L., 2010
Juan Bautista de Toledo, 28. 28002 Madrid
ISBN: 978-84-7635-391-2
Depósito legal M-10.827-2010
Printed in Spain - Impreso por Lavel, S. A. (Madrid)

ÍNDICE

PRESENTACIÓN

A Jesús Sánchez Lobato, maestro y amigo

La Lingüística Aplicada es una disciplina científica, plenamente asentada y estructurada entre las ciencias que se ocupan del lenguaje, que cuenta con un desarrollo autónomo –a partir de la llamada lingüística teórica– de cinco decenios, durante los cuales, diferentes factores de índole externa e interna han conformado un cuerpo teórico que sustenta la actividad investigadora de ámbitos tan diversos como la traducción automática, la planificación lingüística, la detección de anomalías del lenguaje, la lingüística computacional, la adquisición de la lengua materna o la enseñanza-aprendizaje de lenguas segundas o extranjeras; temas que, por otro lado, comparten un denominador común: constituyen problemas que plantea el uso del lenguaje dentro de una comunidad lingüística. Y el lingüista aplicado tiene como misión profundizar en el conocimiento de esos problemas hasta encontrar una respuesta, de manera que el hallazgo contribuya a facilitar la actuación del ser humano en el mundo. Sin embargo, el lingüista aplicado no trabaja en solitario, pues se nutre de las aportaciones de los estudios de disciplinas conexas, como la Psicolingüística, la Sociolingüística, la Etnología de la comunicación, la Pragmática, el Análisis del Discurso y las Ciencias de la Educación.

El interés que en los últimos años ha suscitado la enseñanza-aprendizaje del español como lengua extranjera en amplios sectores sociales –bien por fines profesionales, bien por fines culturales– ha llevado al desarrollo paulatino de una serie de iniciativas –institucionales y privadas– que han contribuido de manera decisiva a que podamos hablar de una disciplina científica que, en su doble componente docente e investigador, forma parte del conjunto de conocimientos de la llamada ciencia humanística. De forma más reciente, la situación de España como país de acogida de población inmigrante y los problemas derivados de su integración en la sociedad y en el sistema educativo están contribuyendo a que la enseñanza del español a inmigrantes haga urgente la preparación de profesores especialistas.

En esta monografía ofrecemos una reflexión que es fruto de una larga experiencia en la enseñanza y en la formación de profesores, así como de un nutrido cuerpo de lecturas. En las páginas que siguen, nuestro deseo será aproximar la enseñanza-aprendizaje del español como lengua extranjera –en tanto que actividad docente– a los alumnos de primer y segundo ciclo de las facultades afines, así como a todos aquellos profesores que, aun teniendo cierta experiencia, sienten la necesidad de reflexionar y fundamentar su actuación en el aula.

Y, por supuesto, esta monografía –de acuerdo con los criterios editoriales de la Colección– tendrá una orientación eminentemente práctica, de manera que el lector recorra las páginas de este libro con una actitud reflexiva, al tiempo que la resolución de los ejercicios que le planteamos le induzca a adoptar un conjunto de criterios sólidos en cuanto a su actuación docente se refiere. Asimismo, en nuestra exposición ignoraremos la notación y la prolijidad bibliográfica en pro de la claridad y la sencillez, relegaremos la controversia academicista y reduciremos al mínimo necesario las citas.

Deseo expresar mi más sincero agradecimiento a Leonardo Gómez Torrego, a quien me une una gran amistad, por haberme animado a escribir estas páginas, y a Francisco Moreno Fernández por haberme brindado la oportunidad de que formaran parte de la Colección *Cuadernos de Didáctica del español/LE*. Asimismo, expreso mi agradecimiento al Departamento de Didáctica de la Lengua y la Literatura de la Universidad Complutense de Madrid por haber impulsado los estudios sobre la enseñanza del español como lengua extranjera.

Por último, deseo dar las gracias a todos mis alumnos y alumnas de español como lengua extranjera, a los profesores de los cursos de formación y a los doctorandos que han puesto su confianza en mí, porque todos ellos con su curiosidad alimentan mi entusiasmo.

Este libro está dedicado a quien me llevó por las sendas de la Lingüística Aplicada y me enseñó a escribir y a pensar, el profesor Jesús Sánchez Lobato.

1

FUNDAMENTOS DE LINGÜÍSTICA APLICADA

1.1. INTRODUCCIÓN

El español –lengua hablada por más de trescientos cincuenta millones de personas– es el sistema de comunicación, por excelencia, de un reino (España), de dieciocho repúblicas americanas (México, Guatemala, Honduras, Nicaragua, El Salvador, Costa Rica, Cuba, República Dominicana, Panamá, Venezuela, Colombia, Ecuador, Perú, Bolivia, Chile, Argentina, Uruguay y Paraguay), y de un país asociado a Estados Unidos (Puerto Rico); recordemos, además, que también hablan español la minoría de origen hispano en Estados Unidos, una minoría en el estado de Filipinas, como asimismo en la República de Guinea Ecuatorial, aparte de los enclaves africanos (J. Sánchez Lobato, 1997: 240).

La lengua española va camino de convertirse en lengua internacional y su expansión en cuanto a lengua de aprendizaje y enseñanza es insoslayable:

> La expansión de la lengua española a lo largo y ancho del mundo ha sido constante desde hace cinco siglos. El español, en la actualidad, es la lengua materna de un número de hablantes superior a los 350 millones y lengua oficial de una veintena de países. Por número de hablantes es la cuarta del mundo (...); como lengua internacional ocupa un lugar destacado, siempre después del inglés; como vehículo de comunicación de la política, la economía y la cultura internacionales es la tercera, después del inglés y el francés.
>
> F. Moreno Fernández (1995: 195)

Las conclusiones derivadas del estudio de F. Moreno Fernández (1995) en el que lleva a cabo un análisis en torno a la enseñanza del español en el mundo concretan que América –principalmente Brasil y Estados Unidos– constituye el epicentro del interés por el español; asimismo, señala que la firma de diversos acuerdos, tratados y convenios (Mercosur, Mercado Común Centroamericano, Pacto Andino o el Tratado de Libre Comercio entre Canadá, Estados Unidos y México) están incidiendo decisivamente para que el español se convierta en una de las claves de las relaciones económicas de América y del área del Pacífico:

> *Ante una situación como ésta (...) el español, además de lengua de comunicación internacional y de lengua de una gran cultura, sería la lengua de un mercado, de un inmenso mercado, y estarían por ver, como en el caso del francés, los frutos de su empeño por ser una lengua de comunicación científica y tecnológica.*

> (*Op. cit.*, 233)

En este contexto, creemos que es necesaria una reflexión sobre los procedimientos didácticos empleados en la enseñanza de una lengua de importancia internacional, como el español. Por ello, en las páginas que siguen reflexionaremos en torno al marco epistemológico y los conceptos fundamentales, la formación del profesor especialista en enseñanza del español como lengua segunda o extranjera y las diferentes orientaciones metodológicas.

1.2. ¿QUÉ ES LA LINGÜÍSTICA APLICADA?

La Lingüística Aplicada (LA) es una disciplina científica, mediadora entre el campo de la actividad teórica y práctica, interdisciplinar y educativa, orientada a la resolución de los problemas que plantea el uso del lenguaje en el seno de una comunidad lingüística. Tal denominación obedece a una parcelación metodológica de la Lingüística –disciplina encargada del estudio del lenguaje y de las lenguas particulares– dentro de la cual podemos diferenciar cuatro grandes áreas identificadas por la finalidad de su objeto de estudio y por el método del que se sirven:

TEÓRICA	DESCRIPTIVA	HISTÓRICA	APLICADA
Estudio de los métodos para el análisis de las lenguas y la caracterización del lenguaje.	Estudio sincrónico de las lenguas y de los subsistemas lingüísticos.	Estudio diacrónico de las lenguas y de los subsistemas lingüísticos.	Estudio y resolución de los problemas que plantea el uso del lenguaje en una comunidad lingüística.

La distinción entre lingüística teórica y lingüística aplicada viene marcada por la frontera existente entre *ciencia pura* y *ciencia aplicada*, en otras palabras, entre la búsqueda del conocimiento en sí mismo y la resolución de problemas reales; tal distinción ha sido históricamente operativa en el campo de las ciencias naturales, no tanto en el de las ciencias sociales y las humanas, en los que ha sido reiteradamente puesta en duda.

Analicemos cada una de las características que hemos atribuido a la Lingüística Aplicada y veamos el alcance conceptual de esta disciplina:

a) *Disciplina científica*: el carácter científico lo proporciona la existencia de unos métodos e instrumentos propios para llevar a cabo la investigación.

b) *Mediadora entre el campo de la actividad teórica y práctica*: aplica un cuerpo doctrinal creciente de conocimientos lingüísticos, psicolingüísticos, sociolingüísticos y educativos a la resolución de problemas reales.

c) *Interdisciplinar:* el carácter multifacético y poliédrico de los problemas de que se ocupa hace imprescindible la adopción de las aportaciones de otras disciplinas.

d) *Orientada a la resolución de los problemas que plantea el uso del lenguaje*: todos y cada uno de los problemas de los que se ocupa tienen como denominador común el componente lingüístico.

Circunstancias históricas de tipo político y social contribuyeron a que los lingüistas –empecinados en disquisiciones de tipo teórico, descriptivo e histórico– volvieran su mirada, a mediados de la década de los años cuarenta, hacia un problema real: el aprendizaje de las lenguas extranjeras; y es que la II Guerra Mundial había creado situaciones en las que mantener relaciones con los aliados y desarrollar actividades de espionaje exigía el aprendizaje de lenguas – sobre todo el alemán y el japonés– de forma urgente y efectiva. Esta situación provocó la creación de programas lingüísticos con el fin de *aplicar* los conocimientos específicos a la enseñanza de lenguas extranjeras y esto constituyó, por tanto, el germen de la paulatina institucionalización de dicha actividad.

El término de *Lingüística Aplicada* aparece por primera vez en 1948, como subtítulo de la revista *Language Learning. A Quarterly Journal of Applied Linguistics*, que fue fundada por C. Fries y otros lingüistas anglosajones vinculados al Instituto de Inglés de la Universidad de Michigan. En un principio, el término se asoció exclusivamente a la enseñanza de las lenguas modernas y, más concretamente, a la enseñanza del inglés como lengua extranjera. Asimismo, en 1964 se celebra el I *Congreso de Lingüística Aplicada* en Nancy (Francia) –organizado por la recién creada *Asociación Internacional de Lingüística Aplicada (AILA)*– en el que se plantea como tema prioritario la enseñanza de las lenguas vivas. El congreso de Nancy marca el comienzo de los estudios científicos en el ámbito de la Lingüística Aplicada a nivel internacional orientados a conseguir –en un primer estadio– homogeneidad y definición de conceptos y fronteras dentro de la disciplina. Casi de forma simultánea, al otro lado del Atlántico surgen algunas iniciativas paralelas: aparece una nueva publicación de carácter periódico, la *International Review of Applied Linguistics (IRAL)*; y C. Ferguson funda el *Centro de Lingüística Aplicada* de Washington D.C., responsable de la financiación y promoción de numerosos proyectos de investigación en el campo de la Lingüística Contrastiva. Algunos países de la antigua Europa del Este participaron en dichos proyectos durante los años sesenta y setenta.

Las iniciativas institucionales a las que hemos hecho referencia –fundación de asociaciones, celebración de congresos y creación de publicaciones periódicas– contribuyeron de forma externa al auge y posterior consolidación de una disciplina que ha ampliado sus áreas de actuación conforme se ha ido desarrollando y que, en la actualidad, goza de madurez científica y de aceptación internacional en el ámbito de las ciencias humanas y sociales.

La Lingüística Aplicada, a lo largo de las cinco últimas décadas, ha ampliado sus horizontes mediante la inclusión sucesiva de nuevas áreas de interés; resulta lógico que la disciplina se amplíe conforme surgen problemas reales y necesidades de solución. A ello se refieren de forma explícita J. Sánchez Lobato y F. Marcos Marín (1988:159) al hablar de los *caminos viejos y nuevos* de la lingüística aplicada:

> *Los viejos son los de la enseñanza de la lengua materna o de otras lenguas, la traducción y la interpretación. A estos caminos ya bien recorridos se unen, como si fueran sus imágenes en un espejo, los nuevos correspondientes (...) La detección y corrección de anomalías de los hablantes en el uso de su lengua causadas por algún tipo de patología (...) La traducción por ordenador (...) El análisis y síntesis de habla (...)*

Si bien la Lingüística Aplicada surgió vinculada exclusivamente a la enseñanza de las lenguas vivas, en la actualidad abarca un conjunto de ámbitos cuyo propósito es la resolución de problemas, en los que el componente central es de tipo lingüístico, razón por la cual resulta natural y necesario que sea la Lingüística la fuente principal de conocimientos aplicados a la resolución de dichos problemas. Sin embargo, la complejidad y variedad de los factores implicados en cada uno de estos ámbitos obliga a que la disciplina acoja las aportaciones de otras áreas del saber, sin que por ello, y en ningún caso, el componente lingüístico quede relegado.

La fundamentación conceptual de esta disciplina ha sido llevada a efecto por varios lingüistas, entre los que podemos destacar a S. P. Corder (1973), T. Ebneter (1982), T. Van Els *et al.* (1984), T. Slama Cazacu (1984); y en el ámbito hispánico, J. M. Vez Jeremías (1984), J. Sánchez Lobato y F. Marcos Marín (1988) y, más recientemente, M. Fernández Pérez (1996) y Ll. Payrató (1998), estudios que han vuelto a poner de manifiesto el carácter científico y autónomo de la Lingüística Aplicada.

La publicación de la obra de S.P. Corder –*Introducción a la Lingüística Aplicada* (1973), tardíamente traducida al español (1992)–, constituye la primera fundamentación teórica de la disciplina centrada en el ámbito específico de la enseñanza de lenguas extranjeras, y cuya vigencia no es discutible. Corder establece las coordenadas fundamentales:

> *La presente obra se refiere a la contribución que pueden hacer los descubrimientos y métodos de quienes estudian el lenguaje en forma científica –lingüistas, psicolingüistas y sociolingüistas (para solo mencionar los grupos más importantes)– a fin de poder solucionar algunos de los problemas que surgen a lo largo de la planeación, organización y conducción de un programa de enseñanza de lenguas. Se trata de una obra de lingüística aplicada (...) la lingüística aplicada presupone la lingüística teórica [ya que] no se puede aplicar lo que no se tiene (...) la lingüística proporciona un cuerpo científico sobre la lengua, que puede guiar la actividad docente del profesor de lenguas.*
>
> S. P. Corder (1973/1992: 10-11)

Queda claro, por lo tanto, que la Lingüística Aplicada se nutre del conocimiento que sobre la naturaleza del lenguaje ofrece la investigación lingüística, con el propósito de mejorar la eficacia de una tarea práctica en la que la lengua es el componente central –la lengua como reflejo de una cultura y de un determinado comportamiento social, claro está–; pero la complejidad intrínseca al proceso de enseñanza-aprendizaje del español como lengua extranjera obliga a la interacción con otras disciplinas cuyas aportaciones son fundamentales: la Psicolingüística, la Sociolingüística, la Etnología de la Comunicación, la Pragmática, el Análisis del Discurso y las Ciencias de la Educación.

El siguiente esquema muestra cuáles son, en la actualidad, los principales ámbitos en los que la Lingüística Aplicada centra su interés:

Psicolingüística	Biología lingüística y neurolingüística Trastornos del lenguaje y de la comunicación Adquisición de la lengua materna (L1) Aprendizaje/adquisición de lenguas segundas (L2) y lenguas extranjeras (LE)
Sociolingüística	Lengua, cultura y pensamiento Variación lingüística Contacto de lenguas Diglosia, bilingüismo y multilingüismo Política y planificación lingüística
Ingeniería lingüística	Lingüística matemática y computacional Traducción automatizada Lexicografía informática Reconocimiento de voz Tratamiento de textos *Corpus* lingüísticos Terminología lingüística

Ámbitos de la Lingüística Aplicada

No nos extenderemos en consideraciones pormenorizadas sobre cada uno de los grandes ámbitos de la Lingüística Aplicada porque de alguno de ellos ya se ocupan otros volúmenes de la colección *Cuadernos de la Lengua Española*.

La introducción paulatina en España de esta disciplina científica viene de la mano de la labor docente de algunos profesores universitarios de filología inglesa que, durante los años cincuenta y sesenta, manifestaron su preocupación por establecer una frontera entre la enseñanza de la lengua materna y la enseñanza de las lenguas extranjeras. E. Lorenzo –catedrático emérito de la UCM– se refirió en 1958, por primera vez en España, al término de Lingüística Aplicada, y abrió así una línea de estudio e investigación que creó escuela mediante el trabajo y seguimiento de sus discípulos. Esto explica que, en el momento en que empieza a consolidarse la enseñanza del español como lengua extranjera en España –durante los años ochenta y noventa–, sea la Lingüística Aplicada el marco epistemológico escogido.

Ha sido principalmente la sucesión de una serie de iniciativas lo que ha propiciado el desarrollo de esta disciplina en España, entre las que destacamos las siguientes: publicación de revistas especializadas (*Revista Española de Lingüística Aplicada, Cable, Revista de Estudios de Adquisición de la Lengua Española, Cuadernos Cervantes de la Lengua Española, Frecuencia-L, Carabela*), creación de asociaciones profesionales (*Asociación Europea de Profesores de Español [AEPE], Asociación Española de Lingüística Aplicada[AESLA], Asociación para la Enseñanza del Español como Lengua Extranjera [ASELE]*), la puesta en marcha de cursos de formación que garantizan la especialización de nuestros docentes, la celebración periódica de congresos y seminarios (*AESLA, ASELE*), el interés de algunas editoriales por fomentar la publicación de materiales didácticos y la creación del Instituto Cervantes.

1.3. Marco epistemológico de la enseñanza-aprendizaje del español como lengua extranjera

Para quienes nos movemos en el ámbito de la Lingüística Aplicada –por formación y por convicción– no hay duda alguna sobre cuál ha de ser el marco epistemológico de la enseñanza-aprendizaje del español como lengua extranjera que, a nuestro modo de ver, ha de insertarse en lo que ha sido la historia de la enseñanza de las lenguas vivas en Europa. Lo cierto es que si nos detenemos en estas consideraciones es porque en algunos ámbitos académicos parece existir cierta polémica y más de una postura encontrada en relación con el tema que tratamos, ya que para unos es la Lingüística Aplicada la disciplina encargada de dar cobertura teórico-práctica a este proceso; y para otros, lo es la Didáctica.

La controversia tiene su origen probablemente en la frontera académica existente entre la formación y conceptualización de las Facultades de Filología –eminentemente lingüística, y aplicada– y la correspondiente a las Facultades de Educación –de orientación pedagógica–. Sin embargo, para quienes se ocupan de la enseñanza del español como lengua extranjera –desde un punto de vista docente– el objetivo prioritario es el mismo: garantizar que el proceso de aprendizaje se lleve a efecto de la manera más eficaz posible.

La distinción entre estas dos disciplinas –en el caso de que aceptemos que se trata de dos ámbitos científicos diferenciados– tiene que ver con las fuentes en que cada una de ellas fundamenta su cuerpo doctrinal: la Lingüística Aplicada, la Psicolingüística y la Lingüística se han incardinado prioritariamente en la tradición filológica; mientras que la Didáctica y la Pedagogía lo han hecho en el marco de las Ciencias de la Educación. Nos encontramos ante una polémica de tipo teórico que, aunque no es el objetivo de este trabajo, es menester comentar porque estas reflexiones van dirigidas tanto a los futuros licenciados en Filología como a los diplomados y licenciados en Ciencias de la Educación.

El término *didáctica* procede del ámbito de las Ciencias de la Educación y, más concretamente, de la Pedagogía, ciencia que se ocupa de la educación y de la enseñanza. En este sentido, la didáctica es una parte de la Pedagogía –de carácter más general– orientada a establecer los procedimientos y técnicas de enseñanza, es decir, el *cómo hacer en el aula*, de manera que se desarrollan didácticas específicas: de las matemáticas, de la lengua materna, de las lenguas extranjeras, de las ciencias sociales, de las ciencias naturales, etc. La didáctica, cualquiera que sea la materia a la que se aplique, tiene como propósito desarrollar los procedimientos más apropiados para garantizar la transmisión de los contenidos, ya que en cualquier proceso de enseñanza hay dos componentes íntimamente relacionados:

a) *el qué:* explicita los contenidos fundamentales de una determinada ciencia en relación con una etapa educativa concreta o un determinado estadio del aprendizaje.

b) *el cómo:* explicita los procedimientos más adecuados para garantizar el aprendizaje (interiorización consciente) de unos determinados contenidos.

Por ello, la Didáctica de las lenguas extranjeras –desde una óptica tradicional– se ocupa de concretar los procedimientos (técnicas, actividades, ejercicios) que garantizan el uso y dominio de una lengua distinta a la materna; lo que, dentro del marco de la Lingüística Aplicada, denominamos *metodología*, si bien este término engloba una realidad conceptual con un doble componente teórico-práctico que fundamenta la actuación docente desde un punto de vista psicolingüístico, lingüístico y educativo, como explicitaremos más adelante.

El marco de actuación de la Didáctica es indudablemente más restringido que el de la Lingüística Aplicada, ya que sólo se ocupa de la adquisición de la lengua materna y de los procesos de incorporación de una lengua distinta a la materna en contextos de aprendizaje. ¿Y los procesos de adquisición de lenguas segundas o extranjeras?, ¿y los procesos en los que interviene el aprendizaje consciente y la interiorización natural, es decir, los procesos mixtos?

Las propuestas que defienden la Didáctica como marco conceptual para la enseñanza de las lengua vivas son cada vez más decididas. R. Galisson –desde mediados de la década de los ochenta y en el ámbito de la enseñanza del francés como lengua segunda o extranjera– hace una propuesta en la que concreta los fundamentos de una nueva disciplina denominada *Didáctica de las Lenguas y Culturas (DLC)*, en la cual integra tanto la enseñanza de la lengua y cultura materna como la de las lenguas y culturas extranjeras en el contexto de una Europa multicultural y multilingüe.

La propuesta de la escuela francesa de R. Galisson (1994) defiende una disciplina autónoma –no dependiente de la Lingüística o la Psicolingüística– orientada a profesionalizar y homogeneizar la enseñanza de las lenguas vivas, tanto de las maternas, como de las lenguas segundas o extranjeras, en su doble componente lingüístico y cultural. Esta conceptualización destaca el elemento cultural, aúna las lenguas maternas y las extranjeras en el mismo marco y da prioridad a los procedimientos empleados en la enseñanza.

Con indudable conocimiento de causa y sensatez, J. M. Álvarez Méndez (1998: 23 y ss.) establece que la *Didáctica (específica)* constituye una orientación interdisciplinar hacia la práctica, hacia la escuela, hacia lo que se hace cada día en ella:

> (...) *vienen a ser realizaciones específicas o de aplicación en la situación de enseñanza (...) es necesario superar las barreras entre teóricos y prácticos, siendo la didáctica específica aplicada a los contenidos específicos el nexo necesario entre concepciones y posturas teóricas y prácticas educativas, creando un espacio propio de investigación y de reflexión, no exclusivamente de aplicación. Sólo así la reflexión y la aplicación podrán encontrarse en una relación dialéctica comprehensiva y transformadora, que da por resultado una pra-*

xis emancipadora para quien la ejerce y para quien la recibe. Formado en esta dirección el profesor sabe qué enseñar (Matemáticas, Ciencias, Lengua y Literatura, Idiomas...) pero también sabe cómo enseñar decidiendo entre las posibles opciones (epistemológicas y metodológicas... entre tipos de tareas o formas de estar en clase) que puede crear.

(*Op. cit.*, 24)

En conclusión, nos encontramos ante dos marcos teóricos distintos –lo son por sus fundamentos, sus métodos, los conceptos y, sobre todo, lo términos que manejan– con un ámbito de actuación común: la enseñanza-aprendizaje de las lenguas. Estos dos marcos teóricos conviven en el paronama actual de la enseñanza-aprendizaje del español como lengua extranjera, sin que existan irreconciliables puntos de fricción más allá de los derivados de la terminología empleada y de la tradición seguida.

2
CONCEPTOS BÁSICOS

2.1. INTRODUCCIÓN

El conjunto de conceptos que consideramos fundamentales procede –para mantener la coherencia con nuestra orientación– de la Lingüística Aplicada de tradición anglosajona, si bien son de aceptación general en todos los ámbitos científicos relacionados con la enseñanza-aprendizaje de lenguas extranjeras.

2.2. APRENDIZAJE/ADQUISICIÓN

La distinción entre *aprendizaje* y *adquisición* queda establecida en los primeros estudios de S. Krashen (1981) –especialista en adquisición de lenguas extranjeras– aunque anteriormente ya había sido señalada la dicotomía (S. P. Corder, 1973).

ADQUISICIÓN	APRENDIZAJE
Es un proceso espontáneo e inconsciente de internalización de reglas como consecuencia del uso natural del lenguaje con fines comunicativos y sin atención expresa a la forma.	Es un proceso consciente que se produce a través de la instrucción formal en el aula e implica un conocimiento explícito de la lengua como sistema.
INTERNALIZACIÓN DE UN SISTEMA LINGÜÍSTICO POR LA MERA EXPOSICIÓN NATURAL.	INTERNALIZACIÓN DE UN SISTEMA LINGÜÍSTICO Y CULTURAL MEDIANTE LA REFLEXIÓN SISTEMÁTICA Y GUIADA DE SUS ELEMENTOS.
PROCESO INCONSCIENTE	PROCESO CONSCIENTE

Por lo tanto, son criterios de tipo sociolingüístico, psicolingüístico y educativo los que pueden ayudarnos a caracterizar y diferenciar cada uno de estos procesos:

CRITERIOS	ADQUISICIÓN	APRENDIZAJE
PSICOLINGÜÍSTICO	Proceso inconsciente.	Proceso consciente y guiado.
SOCIOLINGÜÍSTICO	Comunidad lingüística de la lengua meta.	Aula dentro de un centro educativo.
EDUCATIVO	No hay incidencia, ya que se desarrolla exclusivamente mediante la interacción con los hablantes nativos.	Actividades que potencian el uso y la reflexión sobre el funcionamiento del sistema.

En relación con el español como lengua extranjera, el proceso de internalización de los contenidos (lingüísticos y extralingüísticos) necesarios para actuar de forma adecuada y coherente en el seno de una comunidad lingüística del amplio ámbito hispano puede efectuarse de diferentes maneras:

a) Adquisición: es el caso de extranjeros que se trasladan por diversos motivos (laborales, familiares, políticos, etc.) a un país de habla hispana, e internalizan el funcionamiento del español sin apoyo institucional, por la mera exposición natural a la lengua meta y la interacción con hablantes nativos. ¿Qué individuos pueden encontrarse en este caso? La esposa de un ejecutivo que se traslada a vivir a Madrid por los requerimientos laborales de la empresa de su marido, el ingeniero senegalés que pide asilo político, el balsero marroquí que abandona su país de origen y llega a España en la clandestinidad buscando una mejora económica y social.

b) Aprendizaje: se refiere a los extranjeros que en su país de origen internalizan el funcionamiento del español mediante un programa de instrucción formal impartido por una institución educativa o similar (colegio, universidad, escuela de idiomas, academia, etc.).

c) Proceso mixto (adquisición + aprendizaje): con ello nos referimos a los extranjeros que en un país de habla hispana se aproximan a la nueva lengua mediante un programa de instrucción formal combinado con la exposición natural derivada de su estancia en un ámbito geográfico donde esa lengua, en cuyo proceso de aprendizaje se encuentran inmersos, es vehículo de comunicación y tiene carácter oficial. Es el caso del universitario norteamericano que realiza en un país de habla hispana una estancia de varios meses.

Como vemos, los contextos y situaciones en los que puede llevarse a cabo el acercamiento a una lengua y cultura distintas de la materna comprende un amplio abanico. Queda claro que la enseñanza sólo se ocupa de los procesos de aprendizaje y de los mixtos; y, como indicaremos más adelante, las características específicas del contexto docente serán determinantes para orientar la actuación del profesor en el aula en todo lo relativo a programación, metodología y materiales didácticos.

2.3. LENGUA SEGUNDA/LENGUA EXTRANJERA

El tipo de proceso –como ya hemos indicado– está en relación directa con el contexto en que se lleva a efecto la internalización del nuevo sistema lingüístico y cultural; dependiendo del papel que tenga la lengua meta en el ámbito geográfico en que se desarrolla el proceso, establecemos la siguiente dicotomía conceptual:

LENGUA SEGUNDA (L2)	LENGUA EXTRANJERA (LE)
Aquella que cumple una función social e institucional en la comunidad lingüística en que se aprende.	Aquella que se aprende en un contexto en el que carece de función social e institucional.

Por lo tanto, el francés es lengua segunda en Túnez y Argelia, donde el árabe es la lengua materna, y el español es la primera o segunda lengua extranjera en estos países; sin embargo, el español es lengua segunda para todos aquellos inmigrantes o refugiados políticos para los que España u otro país de habla hispana es país de acogida.

2.4. EL PROCESO DE APRENDIZAJE DE UNA L2/LE

Las delimitaciones conceptuales que venimos señalando justifican que nosotros nos centremos en procesos de aprendizaje o procesos mixtos tanto en contextos de segunda lengua como de lengua extranjera, pues es donde las estrategias docentes tienen algún propósito o función operativa.

El proceso de aprendizaje de una lengua extranjera es extremadamente complejo. Muchas han sido las hipótesis y teorías que se ha propuesto para tratar de explicarlo (*conductismo psicológico, cognitivismo, teoría del monitor, etc.*); aunque no es este el lugar para explicitar y valorar dichas propuestas, sí nos gustaría señalar que, si aceptamos que el aprendizaje es una realidad poliédrica y un fenómeno que tiene como protagonista a un ser variable –como lo es el ser humano–, deberíamos asumir que ninguna teoría por sí misma podrá explicar el proceso en su totalidad y de forma universal. Podemos aceptar que existen algunos mecanismos o estrategias de tipo universal –contradictorios y complementarios al mismo tiempo– como la transferencia desde la lengua materna, la repetición, la generalización de las reglas de la lengua meta, la reformulación de hipótesis o la creatividad, que, de acuerdo con las variantes específicas de cada individuo, contribuirán a crear estilos individuales de aprendizaje.

No obstante, a todos los profesores nos interesa profundizar en el conocimiento del proceso de aprendizaje, es decir, en los factores psicoafectivos, sociales, educativos, etc. que inciden en dicho proceso; ya que cuanto más sepamos sobre este proceso, mejor podremos orientar el de enseñanza, en el sentido de que contribuya a agilizar y facilitar el uso de la nueva lengua:

> *Creemos que las decisiones del profesor de lenguas sobre el proceso de enseñanza deberían fundamentarse principalmente:*
>
> *a) en el conocimiento de la materia que se está enseñando (la lengua y la cultura metas);*
>
> *b) en el conocimiento del grupo concreto de aprendices con que se trabaja;*
>
> *c) en el conocimiento del proceso de aprendizaje de la lengua.*
>
> D. Larsen Freeman y M. Long (1994:13)

No cabe duda de que el profesor de español como lengua extranjera debe tener en cuenta y conocer el alcance e incidencia de algunos factores fundamentales que se concretan en los siguientes interrogantes: *quién, cómo, dónde y qué* aprende el individuo, así como *qué es capaz de usar* efectivamente, tal y como aparece señalado en el siguiente gráfico:

Diferencias individuales
- QUIÉN APRENDE
- edad
- motivación
- aptitud
- estilo cognitivo
- personalidad y carácter

Input	Procesos y estrategias	Output
• QUÉ APRENDE	• CÓMO APRENDE	• QUÉ USA
	• Estrategias de aprendizaje	

Contextos de aprendizaje
- DÓNDE APRENDE
- en su propia comunidad
- en la comunidad de la lengua meta

Proceso de aprendizaje de una L2 o LE
(Adaptado de R. Mª Manchón Ruiz, 1993: 151)

Nos parece interesante, antes de seguir adelante, reflexionar sobre algunos aspectos que han sido señalados por P. Lightbown y N. Spada (1993: xv) como un conjunto de creencias bastante extendidas en relación con el aprendizaje de una lengua extranjera:

CREENCIAS	1	2	3	4	5
a. Una lengua se aprende fundamentalmente mediante la imitación.					
b. Un alto coeficiente intE/LEctual garantiza un mayor éxito en el aprendizaje de una L2/LE.					
c. El factor más importante en el aprendizaje es la motivación.					
d. El aprendizaje temprano garantiza mayores probabilidades de éxito.					
e. La mayor parte de los errores son debidos a la interferencia con la lengua materna.					
f. El aprendizaje de las reglas gramaticales debe ser sistemático y ordenado y de las más simples a las más complejas.					

CREENCIAS	1	2	3	4	5
g. Los errores deben ser corregidos con el fin de evitar la formación de malos hábitos.					
h. El material debe exponer al alumno únicamente a aquellos elementos que ya conoce.					
i. Cuando los estudiantes practican en el aula, aprenden los errores de los otros estudiantes.					

(Adaptado de P. Lightbown y N. Spada, 1993: xv)

A continuación, procedemos a comentar cada una de estas creencias, indicando que nuestro comentario, que es fruto de un importante corpus de lecturas y de la experiencia docente en distintos contextos, ofrece tan sólo un punto de vista sobre temas de gran complejidad y, por lo tanto, muy controvertidos. Nuestra intención es que el futuro profesor reflexione, aunque sea en torno a cuestiones tratadas de manera sucinta, e inicie lecturas más completas indicadas en la bibliografía.

a) Una lengua se aprende fundamentalmente mediante la imitación: los mecanismos de repetición e imitación de estructuras, elementos léxicos, unidades fonológicas o respuestas a determinados estímulos constituyen, en muchos casos, una estrategia de aprendizaje eficaz, aun cuando los resultados puedan carecer de adecuación. La propuesta psicolingüística de talante *behaviorista o conductista* (Skinner, 1957) en la que se basa la metodología de base estructural priorizó la repetición como recurso didáctico; sin embargo, como ya hemos indicado más arriba, ni es el único mecanismo que subyace al aprendizaje, ni es el más importante en muchos casos.

b) Un alto coeficiente intelectual garantiza el éxito en el aprendizaje de una L2/LE: la capacidad intelectual está relacionada con habilidades como la reflexión y el razonamiento, por ello, un alto coeficiente puede favorecer el aprendizaje de una L2/LE cuando el proceso se lleva a cabo en un contexto de instrucción formal mediante procedimientos didácticos orientados a la reflexión sobre el funcionamiento del sistema lingüístico. Diversos estudios empíricos han demostrado que, en aquellos contextos educativos en los que prima una enseñanza basada en los principios del enfoque comunicativo, el coeficiente intelectual de los alumnos no incidió en el éxito alcanzado en el aprendizaje.

c) El factor más importante en el aprendizaje es la motivación: no cabe duda de que la motivación es, si no el factor más importante, uno de los más determinantes para lograr el éxito en el aprendizaje de una L2/LE. Cuanto mayor sea la motivación, mejor será su actitud hacia el proceso y, por lo tanto, más elevado será su rendimiento y el nivel alcanzado de competencia comunicativa.

R. Gardner y E. Lambert (1959) establecieron la distinción entre dos tipos de motivación:

i) *Integrativa:* aquella que poseen los individuos que se acercan al aprendizaje de una nueva lengua con el deseo de integrarse en la comunidad lingüística en que se habla.

ii) *Instrumental:* aquella que caracteriza a quienes aprenden una nueva lengua por lo que puediera reportarles en lo económico, lo laboral o lo social.

d) El aprendizaje temprano garantiza mayores probabilidades de éxito: se acepta que existe un *período crítico* en el aprendizaje, es decir, una edad en la que el aprendizaje de una L2 resulta más efectivo; este período crítico está relacionado con la plasticidad y la maduración del cerebro. Este aspecto ha constituido un centro de atención de los psicolingüistas sin que se haya llegado a un consenso en cuanto a fijar la edad en que el aprendizaje de una lengua extranjera deja de ser un proceso natural. R. Ellis (1994: 484-494) hace una excelente revisión de las principales investigaciones que se ocupan del papel que juega el factor edad en la adquisición de una segunda lengua o lengua extranjera.

e) La mayor parte de los errores son debidos a interferencia con la lengua materna del alumno: la transferencia negativa de los hábitos lingüísticos de la lengua materna es, sin duda, uno de los factores responsables de la producción de errores. No podemos ignorar que quien se involucra en el aprendizaje de una segunda lengua o lengua extranjera cuenta ya en su bagaje con una experiencia lingüística previa: la de haber aprendido su lengua materna y, en muchos casos, la de haber aprendido una lengua segunda u otras lenguas extranjeras. De hecho, durante décadas se pensó que esta era la única fuente de los errores, de tal manera que a mediados de los años cuarenta se desarrolló un modelo de investigación –el Análisis Contrastivo (AC)– que defendía que la descripción y comparación sistemática de los sistemas lingüísticos de las dos lenguas involucradas en el aprendizaje podía preveer las dificultades que se darían en el proceso.

Sin embargo, ¿cómo explicaríamos la producción de un enunciado como *¡vaya, se me han rompido las gafas!*, enunciado en el que se da el uso erróneo que afecta a la morfología del participio del verbo *romper*? Estudios empíricos posteriores demostraron que, aunque la interferencia con la lengua materna constituye una de las fuentes del error (con un porcentaje que oscila, según los autores, entre el 30 y el 50 %), sobre todo si se trata de lenguas genéticamente emparentadas, existen otras causas que también inciden en la producción del error, como la generalización de las reglas de la lengua meta (tal es el caso del ejemplo que hemos aducido), la ignorancia o aprendizaje incompleto del sistema, las estrategias de comunicación o los materiales y procedimientos didácticos empleados en la instrucción. De esta manera, a finales de los años 60, se propuso un procedimiento para aproximarse al error como realidad lingüística, pragmática y cultural –el Análisis de Errores (AE)– basado en el análisis, descripción y explicación de los errores que se dan en la interlengua de hablantes no nativos (I. Santos, 1993).

f) El aprendizaje de las reglas gramaticales debe ser sistemático y ordenado: esta afirmación establece una de las principales polémicas en relación con la metodología en la enseñanza del español como lengua extranjera: las reglas gramaticales, ¿deben enseñarse-aprenderse de forma lineal: de las más sencillas a las más complejas; o, por el contrario y al margen de su dificultad, debemos exponer al alumno a quellos exponentes lingüísticos que se precisen para realizar las funciones lingüísticas más necesarias y productivas en un determinado momento del proceso?

Cuando tratemos el tema de la metodología, veremos que hay que tener en cuenta varios factores, entre los que podemos señalar los objetivos y necesidades del sujeto que aprende (*quién aprende*), el contexto docente (*a quién y dónde enseñamos*) y, además, el tipo de lengua que enseñamos. Este último aspecto es importante en la medida en que la complejidad estructural de una lengua –como es el caso del español–, podrá requerir para su conveniente aprendizaje una secuenciación y unos procedimientos que redunden en la reflexión consciente sobre el funcionamiento del sistema. En cualquier caso, estas consideraciones son las que, en definitiva, han de determinar si el aprendizaje de las reglas gramaticales debe regirse por el criterio de menor a mayor complejidad.

g) Los errores deben ser corregidos con el fin de evitar la formación de malos hábitos: los errores son parte natural del proceso de aprendizaje, son inevitables, positivos y garantizan que el proceso de aprendizaje se está llevando a cabo. Ante la corrección de los mismos existen dos actitudes contradictorias: la de aquellos que defienden que la corrección idomática es fundamental y, por ello, los errores deben ser corregidos de foma sistemática con el fin de erradicarlos; y la de quienes consideran que lo prioritario es la capacidad para transmitir un mensaje y los errores son un aspecto característico de la interlengua. Nuestra actitud ante la corrección de los errores se basará en las necesidades y objetivos del individuo que aprende, en su deseo manifiesto de ser o no corregido y en el tipo de discurso de que se trate —oral o escrito—.

h) El material debe exponer al alumno únicamente a elementos que ya conoce: los materiales didácticos han de facilitar una introducción progresiva de nuevos elementos sin que el contexto general de presentación de los mismos supere el nivel de competencia del alumno. Hemos de considerar que si exponemos al alumno, de forma exclusiva, a aquello que ya conoce, disminuirá la motivación; sin embargo, tampoco es conveniente que el material supere en exceso el nivel de conocimientos del alumno.

Aunque en el capítulo cuarto haremos una referencia explícita a los materiales didácticos, querríamos indicar que los materiales didácticos reflejan nuestra propia concepcion sobre el proceso de enseñanza-aprendizaje de la lengua y constituyen una herramienta empleada para guiar y facilitar ese proceso.

i) Cuando los estudiantes practican en el aula, aprenden los errores de sus compañeros: las investigaciones y estudios empíricos llevados a cabo demuestran que, cuando los estudiantes practican dentro del aula y con hablantes también no nativos, no producen más errores que en otras circunstancias. Es más, en estas situaciones, los alumnos desarrollan estrategias de autocorrección de manera más natural que en cualquier otra situación.

2.5. ENSEÑANZA-APRENDIZAJE DE UNA L2/LE

El análisis de los conceptos fundamentales –al que estamos dedicando este capítulo– nos permite definir el proceso de enseñanza-aprendizaje de una segunda lengua (L2) o lengua extranjera (LE) en los siguientes términos:

> *Proceso complejo por el que un individuo interioriza, de forma gradual, los mecanismos necesarios (lingüísticos, extralingüísticos y culturales) que le permitirán actuar de forma adecuada en el seno de una comunidad lingüística.*

Indudablemente, la enseñanza-aprendizaje de una L2/LE es un *proceso*, en el sentido de que está constituido por etapas que se suceden en el tiempo, con un punto de partida (la lengua materna o L1) y un punto de llegada (la lengua meta o L2). Cada una de esas etapas o *estadios del aprendizaje* constituyen lo que denominamos *Interlengua (IL)*, término acuñado por L. Selinker (1972) para hacer referencia al sistema lingüístico empleado por un hablante no nativo (HNN); un sistema que posee rasgos de la lengua materna, rasgos de la lengua meta y otros propiamente idiosincrásicos, y cuya complejidad se va incrementando en un proceso creativo que atraviesa sucesivas etapas marcadas por los nuevos elementos que el hablante interioriza:

L1 ——————→ IL1.....IL2.....IL3.....ILn ——————→ L2

Interlengua (IL)

Veamos un ejemplo en la conversación mantenida entre Heather (HNN) e Isabel (HN) en la cual se aprecia un determinado nivel de interlengua en la producción lingüística de la hablante no nativa en su interacción:

ISABEL: *Heather, ¿cuánto tiempo llevas estudiando español?*
HEATHER: *Dos años.*
I: *¿Solamente?*
H: *Sí... pero estudio en la primera año de la universidad y en el tercer.*
I: *No en el segundo. Y... ¿éste es tu tercer año en la universidad?*

H:	*¿Qué...?*
I:	*¿Este es tu tercer año?*
H:	*Sí, tomo un clase de... composición y... un clase intermedia.*
I:	*¿Y qué haces en tu clase de composición? ¿Qué hacéis?*
H:	*Ummm... cada semana escri... escritamos tipos diferentes de composición sobre varios sujetos.*

La interlengua de Heather se encuentra en un determinado *estado* del proceso, en ese *continuum* que la aleja de la L1 y la aproxima a la L2; en términos generales, su interlengua se caracteriza por lo siguiente: expresión rudimentaria, pequeños problemas de comprensión, errores de morfología (concordancia nominal, morfología verbal), uso de estrategias de comunicación para solventar problemas que surgen durante la interacción, etc.

El propósito de este proceso es que el HNN –cada vez más próximo a la L2– sea capaz de *actuar de forma adecuada en el seno de una comunidad lingüística* en la que la lengua meta es vehículo de comunicación; y subrayamos la idea de *adecuación*, ya que sólo estaremos ante un individuo competente en una lengua segunda o extranjera cuando sea capaz de expresar y entender ideas, sentimientos, emociones, etc., respetando las normas pragmáticas, culturales y lingüísticas de dicha comunidad de hablantes. Lo más importante es la manera en que hacemos las cosas en cada cultura ... ¿Qué solemos hacer cuando entregamos un regalo de cumpleaños?, ¿qué decimos y por qué?, ¿qué esperamos del interlocutor?:

> < *¡Felicidades! Mira lo que te he traído ...*
> > *¡Oh, gracias!*
> < *Estoy segura de que te va a gustar. ¡Ábrelo, ábrelo!*
> > *Sí, gracias, pero...*
> < *Si no es nada ...*
> > *Muchas gracias. ¡Es precioso!*

Cuando en la cultura española hacemos un regalo de cumpleaños, esperamos que el interlocutor muestre su entusiasmo, pero, sobre todo, esperamos que abra el paquete en nuestra presencia, que elogie el contenido del mismo y que exprese su satisfacción de forma explícita. Sin embargo, en otras culturas lo correcto es dejar el regalo a un lado, abrirlo cuando haya ter-

minado la celebración y enviar una pequeña carta de agradecimiento. Como vemos, lo importante es saber cómo se hacen las
cosas en cada cultura, sólo de esta manera podremos ser hablantes no nativos competentes.

Y es precisamente este el propósito de la enseñanza: proporcionar las situaciones propicias en el aula para que nuestros
alumnos –hablantes no nativos– se comporten de manera similar a como lo haría un nativo en las mismas situaciones y contextos.

Por todo ello, entendemos el *proceso de enseñanza* en los siguientes términos:

> *Conjunto de decisiones que se toman –en relación con un con-
> texto docente concreto– a la hora de determinar los* **objetivos** *del apren-
> dizaje, el conjunto de* **contenidos** *que son pertinentes en función de
> los objetivos previamente establecidos, los* **procedimientos** *que se emple-
> arán para desarrollar los contenidos y asegurar el logro de los obje-
> tivos, los* **materiales** *que concretarán los tres elementos menciona-
> dos, y que serán instrumento fundamental para llevar a cabo este
> proceso; y los criterios para la* **evaluación** *de la competencia comu-
> nicativa.*

Esta definición reduce al mínimo necesario el conjunto de
elementos que un programa de actuación docente ha de explicitar; lo hacemos así de manera intencionada con el fin de proporcionar un modelo sencillo, pero coherente, que ofrezca una
visión general de los factores implicados en la enseñanza:

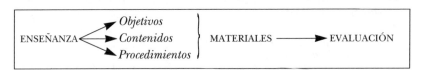

En el capítulo cuarto de esta monografía analizaremos de
manera más pormenorizada cada uno de estos elementos, así
como las distintas orientaciones metodológicas que podemos
adoptar en el proceso de enseñanza junto a los fundamentos teóricos que subyacen en cada una de ellas.

3

LA COMPETENCIA COMUNICATIVA

3.1. INTRODUCCIÓN

La acuñación del término *competencia comunicativa* y la conceptualización del mismo se deben a D. Hymes quien, en 1971 y en el contexto de la adquisición del lenguaje infantil y de la Etnografía del Habla –disciplina orientada al estudio de la lengua en tanto que expresión de una cultura–, quiso definir y determinar los factores que intervienen en la comunicación:

> *Hemos, pues, de proporcionar explicaciones del hecho de que un niño normal adquiera el conocimiento de las oraciones, no solamente como gramaticales, sino también como apropiadas. Este niño adquiere la competencia relacionada con cuándo hablar, cuándo no y de qué, con quién, dónde, en qué forma.*

> D. Hymes (1971/1995: 34)

La aplicación del concepto de *competencia comunicativa* al ámbito de la enseñanza-aprendizaje de segundas lenguas o lenguas extranjeras a principios de la década de los años setenta predispuso a un cambio de orientación en la enseñanza. Este concepto procede de toda una tradición etnológica y filosófica que aborda el estudio de la lengua en uso y no como sistema descontextualizado; hasta entonces, había prevalecido un modelo que daba prioridad a la lengua como sistema jerarquizado de estructuras lingüísticas (*estructuralismo*) y al aprendizaje como resultado del binomio estímulo-respuesta (*conductismo psicológico*).

En este cambio de orientación metodológica tuvo una importancia fundamental el *Proyecto de Lenguas Vivas* del Consejo de Europa que, desarrollado durante el decenio de los setenta, buscó un marco de acción común para la enseñanza de las lenguas extranjeras en Europa. Fruto de la iniciativa del Consejo de Europa se publicaron dos documentos de consulta imprescindible: V. Ek (1975) *The Threshold Level*, que constituye la primera formulación explícita de objetivos pedagógicos dependientes de la adecuación contextual y pragmática, cuya daptación al español fue llevada a cabo por J. P. Slagter (1979); y *Notional Syllabuses* de D. S. Wilkins (1976), en el que se formulan los conceptos de *función lingüística* y *noción*.

El término *función lingüística* hace referencia a una categoría de análisis relacionada con el uso comunicativo de la lengua, la cual permite describir un sistema de comunicación –una lengua y los patrones culturales a ella vinculados– en términos de *intenciones comunicativas y acciones comunicativas:* saludar, presentarse, ubicar objetos, describir personas, pedir información, etc. Por otro lado, el término *noción* hace referencia a una categoría de análisis relacionada con los conceptos expresados por la lengua, es decir, los contenidos necesarios para llevar a cabo una determinada función lingüística.

El concepto propuesto por D. Hymes, adaptado a la enseñanza de lenguas extranjeras, ha sido reformulado en varias ocasiones; no obstante, la propuesta de M. Canale (1983) ha sido aceptada de manera general y es la que nosotros suscribimos, tal y como refleja el siguiente esquema:

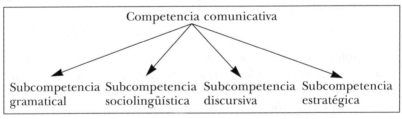

Componentes de la competencia comunicativa (Canale, 1983)

3.2. SUBCOMPETENCIA GRAMATICAL

La *subcompetencia gramatical* implica el dominio del código en todos los planos de la descripción lingüística, es decir, en los subsistemas fonético-fonológico-ortográfico, morfosintáctico y léxico-semántico. Se trata de que el individuo conozca y sea capaz de usar correctamente los elementos del sistema y sus múltiples combinaciones: los fonemas, las estructuras gramaticales, el vocabulario, etc.

Durante décadas la competencia gramatical fue el único objetivo de la enseñanza-aprendizaje de una lengua extranjera (método de gramática y traducción; métodos de componente estructural): se trataba de que el alumno fuera capaz de dominar el funcionamiento del sistema lingüístico en cuyo proceso de aprendizaje se encontraba inmerso.

Ante un enunciado como el siguiente, el aprendizaje y el uso del sistema es considerado fallido, porque, aunque se ha transmitido el mensaje, el uso del código carece de corrección:

> (1) HN   *¿Te gusta vivir en España?*
> HNN **Sí, me lo encanta, porque la gente aquí ...*

Si embargo, desde el punto de vista de la enseñanza en la que prevalece el logro de la competencia comunicativa, una conversación como la siguiente parece cumplir los objetivos del aprendizaje; la breve conversación que damos como ejemplo tiene lugar en el vagón-restaurante de un tren entre un hablante no nativo, de nacionalidad estadounidense, y un hablante nativo, el camarero.

> (2) HNN *Una más, por favor.*
> HN   *¿Otra?*
> HNN *No, una más, por favor.*

Observamos que los exponentes lingüísticos utilizados dan lugar a una obstrucción en la transmisión del mensaje; y sólo el apoyo gestual lleva a buen fin la comunicación, pero no se conculca ninguna regla gramatical.

Veamos otros ejemplos:

> (3) *HN   ¡Oye! ¿No tenías un coche rojo?*
> *HNNa *No, no lo tenía.*
> *HNNb Sí, pero acabo de comprarme éste.*

Tanto en (3) como en (4) el hablante formula una pregunta que espera, por parte del interlocutor, una reacción acorde a la situación, es decir, adecuada desde un punto de vista pragmático y sociocultural. En (3a) observamos que el interlocutor ha hecho una lectura literal del tiempo verbal utilizado en la pregunta sin haber sido capaz de realizar una implicatura conversacional (*pensaba que tenías un coche de color rojo y me sorprende ver que tienes un coche blanco, por eso me pregunto y te pregunto si has cambiado de coche o si yo estoy equivocado en los recuerdos que evoco*); en (3b) ha descodificado el mensaje y ha emitido una respuesta adecuada al contexto.

De ahí que los procedimientos didácticos de la enseñanza tradicional y de la metodología de base estructural estuvieran orientados a la ejercitación de los elementos formales al margen del contenido semántico de los mismos. Sin embargo, a partir de los años setenta, la competencia gramatical sigue siendo un objetivo fundamental, pero comparte su importancia con otras habilidades, porque no es suficiente conocer las estructuras y el vocabulario para comunicarse en una lengua distinta a la materna; resulta imprescindible la adecuación al contexto, lo cual implica una serie de conocimientos de uso sobre contenidos pragmalingüísticos, discursivos, socioculturales y estratégicos.

Veamos, a modo de ejemplo, tres maneras de conceptualizar un mismo contenido:

Método tradicional	Gustar = To like (ingl.) = aimer (fr.) = mögen (al.) El verbo gustar se conjuga acompañado de un pronombre átono (*me, te, le, se, nos, os, les*) que desempeña la función de complemento indirecto, y de otro complemento en posición postverbal que ejerce la función de sujeto y concuerda con el verbo en número y persona.
Método estructural	VERBO GUSTAR Me gusta Me gustan Te gusta Te gustan Le gusta Le gustan + SINGULAR + PLURAL Nos gusta Nos gustan Os gusta Os gustan Les gusta Les gustan Modelo: > *¿Te gusta la música clásica?* < *Sí, me gusta. / No, no me gusta.*

Enfoque nocional-funcional	EXPRESAR GUSTOS Y OPINIONES
	Para preguntar: > ¿Te/le gusta la clase? la música clásica? >¿Qué te parece la arquitectura de Gaudí? *Para contestar:* < Sí, me gusta mucho/muchísimo/ bastante. < No, no me gusta mucho/ nada. < Me parece muy interesante/ aburrido.

Las diferencias conceptuales entre las distintas orientaciones metodológicas serán tratadas de forma más extensa en el capítulo cuarto de esta monografía; no obstante, el ejemplo que presentamos refleja el cambio producido en la enseñanza y, más concretamente, en la conceptualización de los contenidos, a raíz de la incorporación del concepto de competencia comunicativa al marco general de la enseñanza-aprendizaje de las lenguas vivas.

3.3. SUBCOMPETENCIA SOCIOLINGÜÍSTICA

La *subcompetencia sociolingüística* es una habilidad relacionada con la adecuación del comportamiento lingüístico al contexto sociocultural; implica un conjunto de saberes –*saber hacer y saber estar*– que intervienen en todo acto de comunicación: saber lo que es propio del universo cultural de la comunidad en la que nos encontramos.

Lengua, cultura y sociedad constituye un conjunto cuyos elementos se implican mutuamente, sin que sea posible hablar de uno sin hacer referencia a los otros:

> *La lengua forma parte del sistema cultural y adquiere significado propio como expectativa de comportamientos compartidos, como conjunto de técnicas de comunicación y estructuras lingüísticas que son parte del conocimiento social transmitido a través de procesos lingüísticos de socialización. La cultura, por tanto, supone un proceso de interacción de los seres humanos, de significados compartidos tendente a la configuración de sistemas simbólicos.*
>
> J. Sánchez Lobato (1999: 7)

En el proceso de aprendizaje de una nueva lengua resultará imprescindible conocer y compartir las normas de comportamiento social de la cultura en la que esa lengua ejerce como vehículo de comunicación; será imprescindible, por lo tanto, conocer la forma en que la ciudad se estructura, el funcionamiento de los transportes públicos, los hábitos gastronómicos, la manera en que las personas se saludan, lo que espera un anfitrión cuando hemos sido invitados a una celebración, en definitiva, todo aquello, que le permitirá comportarse de forma adecuada desde un punto de vista sociocultural.

L. Miquel (1999:35) se ha ocupado de definir y delimitar la importancia de la competencia sociocultural:

> *Hablamos de* competencia cultural *para referirnos (...) a un conocimiento operativo ligado a hábitos, objetos de campo, posiciones de esos objetos, saberes, creencias y presuposiciones, del que disponen los miembros de una cultura y subrayamos que todo ese conocimiento se estructura y organiza en torno al discurso. El discurso es una serie de continuas decisiones en función de lo ya dicho, de lo consabido, de lo presupuesto, de los objetivos y estrategias de los hablantes, donde el interlocutor tiene que elegir entre varias opciones. Pues bien, buena parte, una gran parte del instrumental que tiene que manejar el interlocutor es cultural.*

Durante décadas la metodología ha ignorado el componente sociocultural y, con ello, la adecuación del discurso; todavía en el presente, si bien todos aceptamos el concepto de competencia comunicativa, a veces, la adecuación sociocultural queda relegada a un segundo plano. Sin embargo, es un componente crucial para que la comunicación se lleve a efecto y, como vemos, tiene mucho que ver con el conocimiento de la cultura y de las normas de comportamiento social dentro de una comunidad ajena a la nuestra:

> *Barbara, ¿qué es lo que más te molesta de los españoles?*
> < *Pues, me molesta mucho que fumen en todas partes. En Estados Unidos, en los restaurantes, siempre hay una zona reservada para los no fumadores y eso me gusta.*
> *¿Y a ti, Helga?*
> + *Pues hay algo que no sé todavía si me molesta o no, pero me sorprende mucho, que la gente se bese tanto en todas partes, bueno, las parejas.*
> * *Sí, a mí me molesta cuando estoy en el metro, porque no sé adónde mirar.*

> *Chiara ... no has dicho nada.*

– *Bueno, a mí me gustan mucho los españoles, son tan parecidos a los italianos... Pero me fastidia que no tengan paciencia cuando estoy intentando hablar en español.*

> *¡Yoko! ¿Y a ti, qué te molesta?*

o *Bueno, a mí me pone nerviosa que hablen tan alto y que se acerquen mucho a mí, porque en Japón la distancia personal normalmente es mayor.*

J. Sánchez Lobato, C. Moreno e I. Santos Gargallo (1998: 65)

Esta muestra de lengua aparece en un método de español para extranjeros (*Español sin fronteras 2*) e intenta reflejar las distintas percepciones de hablantes no nativos de diferentes nacionalidades ante la lengua española y un microcosmos de la cultura hispana.

3.4. SUBCOMPETENCIA DISCURSIVA

La *subcompetencia discursiva* se refiere a la habilidad para llevar a efecto diferentes tipos de comunicaciones o discursos, ya sean orales o escritos: narración, ensayo, descripción, sucesos, anécdotas, etc.; para lograr esta habilidad es fundamental que el discurso esté cohesionado en la forma y sea coherente en el significado:

a) Cohesión: implica el modo en que las frases y oraciones se unen, por ejemplo, mediante el uso de pronombres, conectores, conjunciones, signos de puntuación, etc.

b) Coherencia: hace referencia a la relación entre significados dentro de un texto, es decir, si el discurso contiene los datos relevantes, si hay exceso de información, si existen afirmaciones contradictorias, si la información guarda un orden lógico en su presentación, si cada párrafo desarrolla una idea distinta, etc.

c) Adecuación: entre otras cosas se tiene en cuenta que el registro utilizado sea el adecuado de acuerdo con la situación comunicativa, el estatus del interlocutor, la relación hablante-oyente, etc.

d) Corrección: en relación con el uso del código en todos los planos de la descripción pragmalingüística.

3.5. SUBCOMPETENCIA ESTRATÉGICA

La *subcompetencia estratégica* implica la doble habilidad de, por un lado, agilizar el proceso de aprendizaje con las estrategias adecuadas y, por otro, ser capaz de compensar las dificultades que puedan surgir durante el curso de la comunicación con el empleo de estrategias *ad hoc*. Sólo de forma reciente se ha prestado cierta atención al desarrollo de esta subcompetencia en el aula; en general son escasos los materiales didácticos que procuran actividades orientadas a ejercitar cualesquiera de las dos habilidades antes mencionadas. No cabe duda de que una enseñanza integral y equilibrada, que tenga como propósito el logro de la competencia comunicativa, debería proporcionar las actividades y contextos necesarios para el desarrollo de la competencia estratégica.

Existe cierta polémica en cuanto a si las estrategias de aprendizaje y de comunicación son una misma cosa o, por el contrario, dos habilidades con procedimientos y fines diferentes. Para nosotros, las estrategias de aprendizaje están orientadas al *proceso* y las estrategias de comunicación están dirigidas al *producto*, por lo que de aquí en adelante las trataremos de forma separada, aun cuando aceptamos que el uso de estrategias de comunicación contribuye al proceso de aprendizaje.

3.5.1. *Estrategias de aprendizaje*

El concepto de *estrategias de aprendizaje* ha sido desarrollado en varios estudios (R. L. Oxford, 1990; A. Wenden, 1991; entre otros) y se refiere al conjunto de planes, mecanismos u operaciones mentales que el individuo que aprende una lengua pone en marcha de forma consciente para que el proceso de aprendizaje se efectúe y se agilice.

El concepto surge en un marco de conceptualización que pone el énfasis en fomentar la *autonomía en el aprendizaje* y en *aprender a aprender*, paradigmas actuales de la Psicología y de la Didáctica de lenguas extranjeras, que se han integrado en el planteamiento general del enfoque comunicativo y, más recientemente, en el enfoque por tareas.

¿Y dónde queda el papel del profesor?

> *El profesor no es ya la enciclopedia que responde y explica todas las dudas y corrige los errores, ni el que decide lo que se hace y cómo*

se hace, ni el que tiene la última palabra; es la persona que está atenta a las necesidades lingüísticas de sus alumnos, motiva, suscita, confía en su capacidad, da pistas para que ellos mismos induzcan las reglas y resuelvan las dudas, se interesa por lo que han hecho y sugiere nuevas formas de hacer; es un atento observador de los procesos de aprendizaje y de la interacción comunicativa, sabe negociar y es capaz de adaptarse a nuevas soluciones, despegándose del libro de texto y de sus prácticas habituales...

S. Fernández (1996: 10)

La cuestión práctica que subyace es la siguiente: ¿qué vamos a hacer para agilizar el proceso de aprendizaje del español? ¿Qué estrategias facilitarán el aprendizaje? Está claro que existen unas estrategias universales que todo aquel que aprende algo pone en marcha con el fin de asegurar el proceso; sin embargo, también es cierto que cada individuo –conforme a su personalidad, su experiencia previa, su conocimiento del mundo y su procedencia cultural, entre otros– manifiesta preferencias entre unas estrategias frente a otras:

> *> Yo, la verdad, necesito las explicaciones gramaticales para saber cómo utilizar una nueva estructura de la lengua...*
> *< Pues yo prefiero aprender el vocabulario y las expresiones por el contexto, sin tener que pensar todo el tiempo en las reglas.*
> *> Ya, pero es que tú eres italiana, y es más fácil para ti...*
> *< Bueno, sí, supongo que tienes razón...*
> ** Mira, yo lo que necesito es aprender la gramática... los verbos y todo eso...*
> *+ Pero si sólo aprendes la gramática, al final vas a hablar como un libro.*
> *< Cuando leo un texto o algo así, sólo necesito saber cuál es la idea general, o sea, saber de qué están hablando...*
> *> Sin embargo, a mí, cuando leo algo, me gusta entender todas las palabras y saber qué significan en mi propia lengua.*

J. Sánchez Lobato, C. Moreno e I. Santos Gargallo (1997: 67)

Los resultados de diversos estudios empíricos constatan que individuos que han logrado cierto éxito en el aprendizaje de una lengua segunda o extranjera respondían a estilos cognitivos y de aprendizaje diferentes, como indica E. W. Stevick (1989: xii):

> *Creo, sin embargo, que lo más importante que se desprende de este estudio es la diversidad de los sujetos que fueron entrevistados.*

Asumo que un contraste comparativo en relación con habilidades y preferencias individuales se encontraría en cualquier grupo de aprendientes, sin que haya incidencia de su edad u ocupación.

La investigación en torno a las estrategias de aprendizaje se ha centrado en ámbitos concretos, por el momento, y ha empleado los siguientes procedimientos metodológicos: introspección sobre el uso de estrategias y análisis de las producciones lingüísticas y de las causas de los errores, entre otros.

Lo que en inglés se denomina *verbal reporting* es un método de investigación que se vale de distintos procedimientos con el propósito común de compilar un corpus de datos que ayude a conocer en profundidad los procesos que tienen lugar durante el aprendizaje. Los procedimientos más comúnmente empleados en la investigación son dos: la *introspección,* mediante el cual la reflexión del hablante no nativo sobre sus propios procesos y estrategias se lleva a cabo de forma simultánea a la tarea o actividad; y la *retrospección,* cuyo objetivo es el mismo pero tiene lugar después de haber efectuado la tarea. Se trata, en definitiva, de que el alumno *piense en voz alta sobre las estrategias y mecanismos empleados* en el aprendizaje y en la producción lingüística, de manera que el investigador, tras analizar esos datos, pueda obtener conclusiones fiables.

El análisis de la producción lingüística del hablante no nativo y de las causas de los errores constituye un método de investigación que surge a finales de la década de los sesenta y cuyos fundamentos teóricos y prácticos fueron explicitados por S. P. Corder (1973, 1981). El interés por el análisis de los errores procede del convencimiento de que estos son necesarios e inevitables en el aprendizaje y que profundizar en el conocimiento de los procesos y mecanismos que los provocan ayudará a entender cómo se lleva a cabo el aprendizaje e iluminará la actuación didáctica. La investigación basada en el modelo de análisis de errores experimentó un momento de auge durante los decenios de los setenta y los ochenta; en España, este método empieza a aplicarse en la década de los noventa (I. Santos Gargallo, 1993; S. Fernández López, 1997; entre otros).

Todos estos procedimientos de investigación se ocupan de saber qué estrategias emplea el alumno cuando descodifica un texto en la lengua meta, qué significa conocer una palabra y ser capaz de usarla, en qué orden se inteririozan las estructuras gra-

maticales de una lengua, etcétera; en definitiva, todos aquellos
aspectos que pueden ayudarnos a entender mejor cómo se efec-
túa el aprendizaje y, por lo tanto, qué procedimientos didácticos, qué materiales emplearemos para favorecerlo.

La tipología de estrategias de aprendizaje establecida por R.
L. Oxford (1990) refleja el conjunto de planes que pone en
marcha el hablante no nativo para contribuir al aprendizaje y
lograr la competencia comunicativa:

ESTRATEGIAS DIRECTAS	ESTRATEGIAS INDIRECTAS
A. De memoria 1. Crear asociaciones mentales. 2. Asociar imágenes y sonidos. 3. Dar respuestas físicas.	**D. Metacognitivas** 1. Delimitar lo que se va a aprender. 2. Ordenar y planear lo que se va a aprender. 3. Evaluar el aprendizaje analizando los problemas y buscando soluciones.
B. Cognitivas 1. Practicar los contenidos comunicativos. 2. Codificar y descodificar mensajes. 3. Analizar y razonar. 4. Utilizar recursos para organizar la información y poder utilizarla.	**E. Afectivas** 1. Reducir la ansiedad. 2. Animarse. 3. Controlar las emociones.
C. Compensatorias 1. Adivinar el sentido. 2. Resolver problemas de comunicación (> *Estrategias de comunicación*).	**F. Sociales** 1. Pedir aclaraciones, verificaciones o repeticiones. 2. Interactuar con HN y HNN. 3. Empatizar con los demás.

Estrategias de aprendizaje (R. Oxford, 1990)

También en los materiales didácticos empieza a estar presente
el componente estratégico con actividades en las que el alumno
tendrá que reflexionar sobre el propio proceso de aprendizaje,
información que le valdrá al profesor para establecer el perfil
estratégico del alumno. E. Martín Peris (1994) propone un conjunto de tareas con las que trabajar en el aula las estrategias de
aprendizaje.

En conclusión, el que aprende una lengua segunda o extranjera emplea una serie de estrategias que permiten que el proceso de aprendizaje se lleve a efecto; el conocimiento de estas estrategias por parte del profesor y/o investigador es fundamental para conocer el perfil estratégico del alumno y le ayudará a tomar decisiones en cuanto a su actuación en el aula; por último, los materiales didácticos deben incorporar actividades que ayuden a cumplir los dos objetivos anteriores.

3.5.2. *Estrategias de comunicación*

El concepto de *estrategias de comunicación* tiene su origen en el estudio de L. Selinker (1972/1992), artículo emblemático para la caracterización de la *Interlengua (IL)* en el marco de la enseñanza-aprendizaje de lenguas segundas o extranjeras y que aparece definido como sigue:

> *Un sistema lingüístico sobre cuya existencia podemos hacer hipótesis en el educto de un estudiante al intentar producir la norma de la lengua meta.*

La incorporación de la *interlengua* a la teoría del aprendizaje/adquisición de lenguas extranjeras supone un avance considerable en la línea de investigación iniciada por el análisis de errores, ya que amplía el ámbito de la investigación y la naturaleza de los datos observables: (i) locuciones del alumno en su lengua materna; (ii) locuciones en la IL; y (iii) locuciones producidas por hablantes nativos. Igualmente, el centro de interés se desplaza de la consideración de los errores como únicos datos relevantes para profundizar en el conocimiento del proceso de aprendizaje; y se concretan los mecanismos o estrategias que a partir de ahora serán objetivo de la psicolingüística:

> *Estos procesos son los siguientes: las estrategias de aprendizaje de la lengua segunda, la transferencia de instrucción, las estrategias de comunicación de la lengua segunda y la hipergeneralización del material lingüístico de la lengua objeto (LO).*

> (*Op. cit.*, 84)

Las *estrategias de comunicación* son uno de los mecanismos observables en los que los investigadores centrarán su atención (C. Faerch y G. Kasper, 1983; E. Byalistock, 1990) y que en el marco del español como lengua extranjera han sido analizadas por R.

Mª Manchón Ruiz (1993) y R. Pinilla Gómez (1994, 1997), a cuyos trabajos nos remitiremos en lo que sigue.

Las definiciones propuestas por los diferentes investigadores presentan, como es habitual en la bibliografía especializada, elementos comunes y otros que enfatizan distintos aspectos; nosotros asumimos la definición de estrategias de comunicación propuesta por Faerch y Kasper (1983):

> (...) *planes conscientes establecidos por el que aprende segundas lenguas para resolver problemas en la comunicación.*

R. Pinilla Gómez (1994: 168) concreta las características fundamentales que definen una estrategia de comunicación:

a) la existencia de un **problema comunicativo,** *que suele ser de tipo léxico;*

b) la **conciencia** *por parte del estudiante de hacer uso de un comportamiento estratégico para resolver ese problema;*

c) la **naturaleza intencional** *de la estrategia de comunicación.*

La tipología de estrategias de comunicación propuesta por C. Faerch y G. Kasper (1983: 89) se atiene al siguiente esquema, tal y como nosotros lo hemos simplificado:

ESTRATEGIAS DE REDUCCIÓN	ESTRATEGIAS DE REALIZACIÓN
1. FORMAL a) Nivel fonético-fonológico. b) Nivel morfosintáctico. c) Nivel léxico-semántico.	**1. COMPENSATORIAS** a) Cambio de código. b) Transferencia de L1 o L3. c) Traducción literal. d) Sustitución y paráfrasis. e) Acuñación de un vocablo. f) Generalización. g) Petición de ayuda (directa o indirecta).
2. FUNCIONAL a) Evitar el tema. b) Abandono del mensaje.	**2. DE RECUPERACIÓN** a) Esperar. b) Apelar a la similitud formal. c) Asociaciones por campos semánticos. d) Uso de otras lenguas.

Estrategias de comunicación (C. Faerch y G. Kasper, 1983)

El componente estratégico en toda su complejidad contribuye de manera fundamental al logro de la competencia comunicativa, es decir, a que el hablante no nativo sea capaz de interactuar en la lengua meta de forma próxima a como lo haría un hablante nativo; por ello, es menester que los procedimientos didácticos incorporen actividades que fomenten el conocimiento del funcionamiento y el uso de estrategias de comunicación. R. Pinilla Gómez (1997) hace su propuesta:

4

METODOLOGÍA

4.1. INTRODUCCIÓN

Uno de los interrogantes más acuciantes para todos aquellos que nos dedicamos a la enseñanza del español como lengua extranjera tiene que ver con los procedimientos y los materiales didácticos que empleamos, en otras palabras, con una manera específica de *hacer en el aula*; no se trata de una cuestión que se plantea el profesor novel, sino de una pregunta que surge cada vez que tenemos ante nosotros un nuevo grupo de alumnos: ¿qué orientación metodológica debo adoptar? Cuando hablamos de metodología pensando en la formación del futuro profesor, podemos adoptar dos actitudes bien distintas: podemos presentar las orientaciones metodológicas que mayor repercusión han tenido en la enseñanza del español como lengua extranjera, u optar por exponer únicamente los principios teórico-prácticos de aquella orientación metodológica que, a nuestro juicio, proponga un conjunto de procedimientos que consideremos universalmente válidos. Nosotros optamos por la primera actitud, ya que estamos convencidos de que la metodología, es decir, nuestra declaración de intenciones en cuanto a actuación en el aula se refiere, está supeditada al contexto docente, a una determinada situación de enseñanza-aprendizaje; y sólo el análisis de los factores implicados en ese contexto podrá establecer las pautas de dicha actuación. De esta manera, el futuro profesor adquirirá un conjunto de principios y criterios –fruto de la reflexión– que le capacitará para elegir la opción metodológica que considere más adecuada en el marco de la situación docente en que se encuentre.

¿Quiere esto decir que nos presentaremos el primer día de clase ante nuestros alumnos sin una idea clara de lo que vamos a hacer? Obviamente, no. La formación específica y/o la experiencia docente previa nos proporcionarán pautas que guiarán las decisiones que tomemos en cuanto a objetivos, contenidos, procedimientos, materiales, actividades, temas, etc.; sin embargo, estos planteamientos previos deberán ser lo suficientemente flexibles como para poder ser modificados de acuerdo con la información que obtengamos del análisis del grupo de alumnos que se nos haya asignado.

Uno de los objetivos del primer día de clase es precisamente este: obtener información sobre nuestros alumnos, de manera que podamos corroborar o, en su caso, rectificar las decisiones que hayamos tomado *a priori,* y así reformular el currículo en función de la realidad docente:

Cuestionario para el análisis del contexto docente

1. *¿Cuál es tu nacionalidad?*
2. *¿Cuál es tu lengua materna?*
3. *¿Qué otras lenguas sabes?*
4. *¿Cuánto tiempo llevas aprendiendo español?*
5. *¿Por qué aprendes español? ¿Para qué?*
6. *¿Qué es más importante para ti? Establece un orden de prioridades.*
7. *¿Qué te gusta hacer cuando aprendes una lengua extranjera?*
8. *¿Qué funciones lingüísticas son de tu interés?*
9. *¿Qué situaciones te gustaría que practicáramos en clase?*
10. *¿Qué temas te interesan más?*
11. *¿Te pone nervioso/a que te corrijan cuando hablas?*
12. *¿Es importante para ti hablar con corrección?*
13. *¿Quieres que tu profesor/a te corrija?*

Cada profesor debe elaborar su propio cuestionario, incluyendo así los aspectos que crea pertinentes, y adaptarlo en función de la situación docente en que se encuentre. Si nos halláramos ante un grupo de inmigrantes que aprenden español en un centro asistencial del país de acogida, tendría especial importancia que supiéramos cuál es la situación de legalidad en la que se encuentran nuestros alumnos, qué religión practican o con qué tipo de alfabeto se representa su lengua materna, ya que esta información sería de gran utilidad para entender las dificultades en el aprendizaje y anticipar conflictos culturales o humanos que pudieran surgir durante el proceso de interiorización de la nueva lengua.

Siempre será el profesor quien decida el contenido del cuestionario y la manera –oral o escrita– en que recabará la información; asimismo, el hecho de que los alumnos sean principiantes absolutos no debe constituir un obstáculo, ya que podríamos obtener la información mediante una lengua que fuera vehicular para realizar esta actividad preliminar; en este caso no creemos que el uso en el aula de una lengua, que no sea la lengua meta, constituya una traba didáctica, dado que la importancia de la tarea es mayor que el perjuicio que pudiera suponer el uso de la lengua materna o de otra distinta a la meta, siempre y cuando sea de forma puntual.

En este capítulo nos proponemos, por lo tanto, presentar de manera sucinta las distintas orientaciones metodológicas que se han sucedido a lo largo de la historia de la enseñanza-aprendizaje de idiomas y nos centraremos en aquellas que mayor incidencia han tenido en el caso concreto del español como lengua extranjera. Cada una de estas posibilidades didácticas será convenientemente ejemplificada con materiales didácticos disponibles en el mercado editorial español, porque los materiales didácticos son, en definitiva, la concreción de un determinado plan de actuación docente.

4.2. Currículo, método, enfoque y técnica

Antes de seguir adelante, es necesario delimitar la extensión conceptual de algunos términos que con frecuencia manejamos cuando hablamos de *metodología* en el marco de la enseñanza del español como lengua extranjera: *currículo, método, enfoque y técnica*.

De todos ellos, *currículo* es el término de designación más amplia, ya que hace referencia a un marco general de decisión y de actuación en la enseñanza. El término procede del ámbito de la Teoría de la Educación como indica A. García Santa-Cecilia (1995: 14):

> *En España, el término curriculum aparece ya en la Ley General de Educación a principios de los años 70, pero no llega a adquirir consistencia hasta el reciente Proyecto de Reforma de la Enseñanza del Ministerio de Educación y Ciencia y la publicación del denominado Diseño Curricular Base, que establece los criterios generales de*

actuación y las prescripciones que regulan las distintas asignaturas de las enseñanzas regladas y, entre ellas, las lenguas extranjeras. Muy recientemente, el Plan Curricular del Instituto Cervantes (1994) se ha sumado desde el campo de la enseñanza del español a este proceso de renovación pedagógica (...)

En efecto, la propuesta del currículo integra los fundamentos teóricos de las Ciencias de la Educación y la reflexión derivada de la práctica docente en el marco general de la enseñanza y en el más específico de la enseñanza-aprendizaje de las lenguas extranjeras.

Método es el término que en la tradición anglosajona se emplea para hacer referencia al conjunto de principios teórico-prácticos que fundamentan y justifican las decisiones que se toman en el aula para motivar y agilizar el proceso de aprendizaje (*una manera concreta de hacer las cosas en el aula de español*). Creemos pertinente clarificar que el término *método* también se aplica a los manuales o libros de texto orientados a la enseñanza-aprendizaje de la lengua.

Han sido varios los métodos que se han sucedido a lo largo de la historia de la enseñanza-de las lenguas extranjeras (A. Sánchez Pérez, 1992, 1997), y esta sucesión de diferentes propuestas ha venido marcada por un deseo de facilitar el proceso de aprendizaje; porque un método tiene como fin principal desarrollar las habilidades lingüísticas que permitan al individuo lograr un nivel de competencia comunicativa en la lengua que está aprendiendo. Lo que hagamos en el aula ha de estar orientado a la consecución de un logro, y cuanto más efectivo sea el procedimiento, mayor será el logro. En definitiva, nuestro objetivo es que nuestros alumnos avancen en el uso efectivo de la lengua y para ello, pondremos en práctica cualquier mecanismo que consideremos eficaz.

La explicitación de un método implica dar cuenta de los componentes y elementos que figuran a continuación:

COMPONENTE TEÓRICO	COMPONENTE PRÁCTICO
1. Teoría lingüística QUÉ ES UNA LENGUA	1. Objetivos QUÉ NOS PROPONEMOS HACER CON LA LENGUA
2. Teoría del aprendizaje CÓMO SE APRENDE UNA LENGUA	2. Contenidos QUÉ VAMOS A APRENDER
	3. Procedimientos CÓMO VAMOS A APRENDER

Por otro lado, el término *enfoque* se refiere al conjunto de las diferentes teorías sobre la naturaleza del lenguaje y las distintas aproximaciones al proceso de aprendizaje/adquisición de una lengua extranjera, en otras palabras, hace referencia al componente teórico del método. No obstante, hablamos también de *enfoque comunicativo* y de *enfoque por tareas*, denominaciones con las que nos referimos a propuestas metodológicas cuyo marco teórico es interdisciplinar, en el sentido de que integran las aportaciones de diversas teorías.

Por último, con el término *técnica* nos referimos a cualquier procedimiento o actividad que proponemos en el aula para desarrollar unos contenidos precisos y así lograr los objetivos concretos que nos hayamos fijado. Las técnicas hacen que el método sea operativo, que los principios teóricos en que está basado se exterioricen.

4.3. LOS MATERIALES DIDÁCTICOS

Todos aquellos recursos que –en soporte impreso, sonoro, visual o informático– empleamos en la enseñanza de una lengua extranjera aparecen aglutinados bajo el término de *materiales didácticos*. Los materiales constituyen la exteriorización del método, su puesta en práctica en el aula con un fin preciso; como ya hemos indicado en relación con las actividades didácticas –uno de los componentes del método–, los materiales reflejan una manera de entender la naturaleza del lenguaje y la naturaleza del proceso de aprendizaje de una lengua extranjera. Los materiales concretan nuestra particular forma de entender el proceso de enseñanza.

Los materiales didácticos son elaborados por especialistas que han de contar con conocimientos suficientes de Lingüística, Pragmática, Metodología, Psicolingüística, Sociolingüística y Teoría del Currículo, entre otras materias; además, el creador de materiales ha de tener una larga experiencia docente en diferentes contextos, lo cual le ayudará a entender la diversidad de destinatarios y de situaciones de aprendizaje. Sabemos que no es lo mismo enseñar español a alumnos tunecinos –cuyo aprendizaje lingüístico previo incluye una diglosia entre árabe y francés– que enseñar español a individuos finlandeses, por poner un ejemplo; el conocimiento del francés podrá, por un lado, facilitar el aprendizaje de otra lengua romance y, por otro, explicará interferencias que no se producirán en el caso de los alumnos finlandeses.

Los materiales didácticos pueden ser objeto de clasificación atendiendo a diversos criterios:

CRITERIOS	TIPOLOGÍA
NATURALEZA	a) libro de texto/método b) complemento c) consulta gramatical d) consulta lexicográfica e) apoyo docente
PROPÓSITO	a) aprendizaje integral de lengua y cultura b) ejercitación de una destreza lingüística c) fines específicos d) autoaprendizaje
DESTINATARIOS	a) adolescentes y adultos b) niños

Para conocer los diferentes materiales de los que disponemos en el mercado editorial actual, contamos con el *Catálogo de materiales didácticos para la enseñanza del español como lengua extranjera* (I. Visedo e I. Santos, 1996), que constituye un compendio bibliográfico selectivo de materiales publicados en España antes de 1995. El *Catálogo* organiza el corpus siguiendo una taxonomía que facilita la consulta y la localización del material concreto que se precisa:

1. Métodos
   - Adultos
   - Niños
   - Autoaprendizaje
2. Español para fines específicos
3. Material complementario
   - Destrezas lingüísticas
   - Pruebas de evaluación y nivel
   - Otros materiales
4. Gramáticas
   - Generales
   - Aplicadas
   - Monografías
   - Ejercicios de gramática

5. Diccionarios, vocabularios y libros de estilo
   • Diccionarios monolingües
   • Diccionarios de temas específicos
   • Vocabularios de E/LE
   • Repertorios de funciones lingüísticas
6. Material de apoyo (para el profesor)
   • Lingüística aplicada
   • Revistas especializadas
   • Actas de Congresos
7. Leer en español: colecciones

Catálogo de materiales didácticos (I. Visedo e I. Santos, 1996)

Como ya hemos indicado, los materiales destinados a la enseñanza del español como lengua extranjera se presentan en diversos soportes: a los clásicos –impreso, sonoro y visual– se suman en la actualidad los derivados de las aplicaciones de las nuevas tecnologías y la informática –disquetes y CD-ROM–. Asimismo, la autopista de la información –*internet*– ofrece un importante caudal de recursos que pueden y deben ser aprovechados en el aula de español como lengua extranjera (M. Higueras García, 1998: 37):

> *En nuestra opinión las características de un buen material para el aprendizaje del español como lengua extranjera deben ser, al menos, estas tres:*
> • *que aproveche las ventajas del hipertexto*
> • *que incorpore la capacidad multimedia de la MM [Malla Multimedia]*
> • *que sea interactivo.*

En general, los materiales didácticos para el aprendizaje integral de la lengua y cultura hispanas se estructuran en *unidades didácticas* y estas, a su vez, pueden presentarse agrupadas en *módulos* atendiendo a criterios temáticos o funcionales. La secuenciación de unidades didácticas constituye un todo coherente destinado al aprendizaje y, sea cual sea la orientación metodológica subyacente, normalmente contienen los siguientes elementos:

a) *Muestras de lengua:* discursos –orales o escritos–, reales, adaptados o creados específicamente con fines didácticos, cuyo propósito es ejemplificar el uso que de la lengua hacen

los hablantes nativos, de manera que el hablante no nativo interiorice *cómo se hacen las cosas en la nueva lengua.*
La tipología de muestras de lengua incluye textos dialogados, narrativos, publicitarios, ensayísticos, argumentativos, descriptivos, etc.; ya que cuanto mayor sea la variedad, más completa será la comprensión del funcionamiento de la lengua.

Español sin fronteras 1. Nivel elemental (1997: 101)

b) *Conceptualizaciones:* información que se da en forma de esquemas, aclaraciones, observaciones –de forma inductiva o deductiva– en relación con los contenidos desarrollados en la unidad didáctica.
   Las conceptualizaciones pueden referirse a contenidos de tipo gramatical, funcional, léxico, fonético-fonológico, ortográfico, cultural o estratégico.

c) *Actividades:* propuestas orientadas a la puesta en práctica de los contenidos desarrollados en la unidad didáctica que ejercitan una o varias de las destrezas lingüísticas: expresión oral, comprensión auditiva, expresión escrita o comprensión lectora.
   A modo de conclusión, queremos señalar que la experiencia de muchos años enseñando español a alumnos extranjeros en una gran diversidad de contextos docentes nos ha demostrado que los materiales didácticos que empleamos para ayudarnos en esta tarea cobran vida a través del entusiasmo y la creatividad de los profesores que los utilizan.

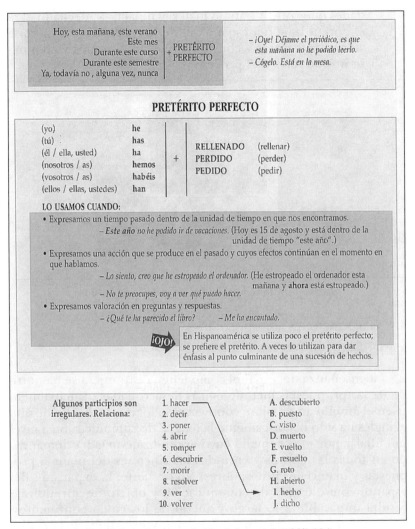

| Hoy, esta mañana, este verano
Este mes
Durante este curso
Durante este semestre
Ya, todavía no , alguna vez, nunca | + | PRETÉRITO
PERFECTO | – ¡Oye! Déjame el periódico, es que
esta mañana no he podido leerlo.
– Cógelo. Está en la mesa. |

PRETÉRITO PERFECTO

| (yo)
(tú)
(él / ella, usted)
(nosotros / as)
(vosotros / as)
(ellos / ellas, ustedes) | he
has
ha
hemos
habéis
han | + | RELLENADO (rellenar)
PERDIDO (perder)
PEDIDO (pedir) |

LO USAMOS CUANDO:

• Expresamos un tiempo pasado dentro de la unidad de tiempo en que nos encontramos.
  – *Este año no he podido ir de vacaciones.* (Hoy es 15 de agosto y está dentro de la unidad de tiempo "este año".)
• Expresamos una acción que se produce en el pasado y cuyos efectos continúan en el momento en que hablamos.
  – *Lo siento, creo que he estropeado el ordenador.* (He estropeado el ordenador esta mañana y **ahora** está estropeado.)
  – *No te preocupes, voy a ver qué puedo hacer.*
• Expresamos valoración en preguntas y respuestas.
  – *¿Qué te ha parecido el libro?* – *Me ha encantado.*

¡OJO! En Hispanoamérica se utiliza poco el pretérito perfecto; se prefiere el pretérito. A veces lo utilizan para dar énfasis al punto culminante de una sucesión de hechos.

| Algunos participios son irregulares. Relaciona: | 1. hacer
2. decir
3. poner
4. abrir
5. romper
6. descubrir
7. morir
8. resolver
9. ver
10. volver | A. descubierto
B. puesto
C. visto
D. muerto
E. vuelto
F. resuelto
G. roto
H. abierto
I. hecho
J. dicho |

Español sin fronteras 1. Nivel elemental (1997:104)

No siempre resulta posible reflejar de forma gráfica todos los procedimientos que contribuyen a que el proceso de aprendizaje sea dinámico y motivador, porque no todo lo que se hace en el aula se apoya en el material didáctico, sino en la actitud y en la capacidad escénica del profesor. El reto de los autores es crear, seleccionar, sistematizar y ordenar muestras de lengua, conceptualizaciones y actividades que constituyan un material didáctico adecuado para el aprendizaje del español; el de los profesores será darle vida en sus clases y conseguir que sus alumnos y alumnas se involucren en el proceso.

Español sin fronteras 1. Nivel elemental (1997: 106)

4.4. ORIENTACIONES METODOLÓGICAS

4.4.1. *Introducción*

La enseñanza del español como lengua extranjera se ha nutrido de las propuestas metodológicas desarrolladas principalmente en el ámbito anglosajón, consecuencia lógica del hecho de que el inglés ha sido históricamente la lengua de comunicación a nivel mundial y por ello, aquella cuyo aprendizaje más ha demandado en todas las épocas y en todos los rincones del planeta propuestas y materiales innovadores. No obstante, la expansión del español como lengua de comunicación y objeto de aprendizaje resulta imparable a lo largo y ancho de los cinco continentes, principalmente en la Unión Europea y en América (Brasil y Estados Unidos) y en Japón como epicentros de dicha expansión:

> *El español y la cultura hispánica siempre ha suscitado el interés de los extranjeros, pero, en los últimos años, ese interés se ha desarrollado de forma muy notable, hasta tal punto que sólo se ve superado por el que despierta la lengua inglesa. El que tal vez justifica de forma más clara tal afirmación es el de las actividades en torno a la enseñanza de la lengua española. Éstas poseen en cada región del mundo y en cada país unas características y unas dimen-*

siones muy diferentes, por lo que resulta inadecuada cualquier gene-
ralización. Hay, sin embargo, una nota común en todas ellas: en
los diez últimos años la demanda de enseñanza del español se ha
multiplicado, al menos, por dos.

F. Moreno Fernández (1995: 208)

En la *Historia de la enseñanza del español como lengua extranjera,*
A. Sánchez Pérez (1992: 1-5) señala algunos aspectos que son de
nuestro interés:

> *La preocupación por mejorar la enseñanza de lenguas es un deno-*
> *minador común en la historia del hombre, al menos en la que nos es*
> *más conocida en Europa, a partir del siglo XIII.(...) La enseñanza*
> *del español se desarrolla íntegramente dentro de lo que podría deno-*
> *minarse enseñanza de lenguas en Europa. La historia de la enseñanza*
> *de nuestra lengua es, globalmente considerada, similar a la historia*
> *de cualquier otra lengua europea de importancia equiparable (...)*
> *Desde el siglo XIV, el aprendizaje de un idioma extranjero ha consti-*
> *tuido fundamentalmente un problema de los propios interesados, no*
> *un problema por el que se hayan interesado las diferentes naciones.*

No creemos que resulte gratuito reflexionar sobre lo que ha
sido la historia de la enseñanza del español como lengua
extranjera, si tomamos en consideración que la referencia a las
distintas orientaciones metodológicas que se haga en esta
monografía responde a un planteamiento histórico.

Desde los inicios de la enseñanza de idiomas, las propuestas
metodológicas que se han sucedido han sido muy numerosas,
algunas de ellas han tenido escasa incidencia y su implantación
ha sido puntual, limitándose a lenguas concretas; por el contrario, hay un grupo de *métodos* cuya repercusión ha tenido un alcance más global y duradero, sin que ello implique que la adopción
de un nuevo método, haya llevado siempre al rechazo de propuestas bien asentadas en la tradición hispánica.

Nos detendremos en dos momentos que han tenido una especial importancia en la historia de la enseñanza del español
como lengua extranjera en España: la década de los años cincuenta, porque es precisamente en este momento cuando empiezan a publicarse los primeros métodos realizados por autores españoles (M. Alonso, 1949; F. de B. Moll, 1954), ya que hasta esta
fecha todos los materiales didácticos procedían del extranjero; y
el decenio de los ochenta, momento en que asistimos al despe-
gue paulatino y a la posterior consolidación de la enseñanza del

español en lo referente a materiales didácticos, metodología e investigación.

En España y en lo que a la enseñanza del español como segunda lengua o lengua extranjera se refiere, a principios de los años ochenta tiene lugar la consolidación de la metodología estructural de corte situacional (A. Sánchez *et al.*, 1974; J. Sánchez Lobato y N. García Fernández, 1981); unos años más tarde, jalonando la mitad del decenio, se publican los primeros materiales que adoptan el concepto de función lingüística y subordinan los contenidos gramaticales a la función comunicativa (Equipo Pragma, 1985); de manera que, al final de la década, los planteamientos comunicativos se han impuesto, sin que por ello muchos centros y profesores hayan abandonado los materiales de corte estructural. De hecho, en la actualidad, conviven varias opciones metodológicas aplicadas a la enseñanza del español como lengua extranjera: enseñanza estructural, enseñanza comunicativa (L. Miquel y N. Sans, 1989; V. Borobio, 1992), enseñanza basada en los principios del enfoque por tareas (N. Sans y E. Martín Peris, 1997) y una enseñanza conciliadora que busca el equilibrio entre los planteamientos comunicativos y la descripción pragmática y gramatical del sistema (J. Sánchez Lobato, C. Moreno e I. Santos, 1997).

En lo concerniente a orientaciones metodológicas es menester recordar que muchas veces lo que se presenta como nuevo no es nuevo sino sólo novedoso, ya que algunos de los elementos y de los principios que sustentan el nuevo método aparecen enraizados en la tradición, así lo afirma A. Sánchez Pérez (1992: 2):

> *Desde una perspectiva histórica, uno no puede sino plantearse serias dudas sobre el carácter «revolucionario» de los cambios en metodología. Se comprueba con frecuencia que lo que se presenta como radicalmente «nuevo» no es sino la reformulación de ideas «viejas», aunque a veces es preciso reconocer que tales ideas se perfilan y definen con mayor nitidez y se adaptan mejor a las exigencias de los tiempos que corren. No se puede negar la existencia de avances en cuestiones metodológicas, pero sí parece obligado aquilatar las conclusiones excesivamente triunfalistas y admitir que la didáctica de lenguas contiene muchos elementos enraizados en la tradición y derivados de ella, junto con otros que constituyen avances o sólo adaptaciones a lo que el pensar y el sentir de cada época pide.*

En las páginas que siguen abordaremos el análisis y descripción de algunos *métodos*, aquellos que, a nuestro juicio, han tenido una mayor incidencia en la enseñanza del español como lengua extranjera, al menos, son las opciones metodológicas que cuentan con materiales didácticos disponibles en el mercado editorial y, por lo tanto, son las posibilidades didácticas que están al alcance del profesor:

Método tradicional de gramática y traducción	*Español para extranjeros. Conversación, traducción y correspondencia* (1949) *Curso breve de español para extranjeros* (1954)
Métodos de base estructural	*Español en directo* (1974) *Español 2000* (1981)
Métodos con planteamientos nocional-funcionales	*Entre nosotros* (1981) *Para empezar* (1985) *Esto funciona* (1987)
Enfoque comunicativo	*Antena* (1987) *Intercambio* (1989) *E/LE* (1992) *Abanico* (1995) *Planet@ E/LE* (1998)
Enfoque comunicativo moderado	*Ven* (1990) *Cumbre* (1995) *Español sin fronteras* (1997)
Enfoque por tareas	*Gente* (1997)

Métodos aplicados a la enseñanza-aprendizaje del español como lengua extranjera

Es necesario aclarar que la clasificación que refleja este esquema atiende a la declaración de principios efectuada por los autores, aspecto que muchas veces no coincide con los principios fundamentales de la orientación metodológica en la cual se inscriben.

Los materiales didácticos que vamos a analizar como botón de muestra de los *métodos* que hemos seleccionado tienen las siguientes características en común:

a) están orientados al aprendizaje de la lengua y cultura hispanas;

b) contienen muestras de lengua, conceptualizaciones y una

batería de actividades, es decir, los elementos propios del componente práctico de un método;

c) responden a una determinada ideología sobre la naturaleza del lenguaje y sobre cómo se aprende una lengua extranjera;

d) desarrollan el aprendizaje integral de las cuatro destrezas lingüísticas, aunque alguna de ellas aparezca relegada o potenciada, según el caso;

e) están estructurados en unidades didácticas o elementos similares que permiten el aprendizaje secuenciado;

f) los contenidos responden a un determinado nivel de enseñanza: *elemental, intermedio o superior* (aunque en algunos casos pueda variar la terminología empleada, los términos que proponemos son de aceptación general);

g) están destinados a un público adulto que se acerca al aprendizaje del español como lengua extranjera en el marco de la instrucción formal, ya sea en un país de habla hispana o en su propio país de origen;

h) proporcionan un material integrado por, al menos, los siguientes componentes: libro del alumno, cuaderno de ejercicios o actividades, casetes y guía didáctica.

4.4.2. *Método tradicional o de gramática y traducción*

El *método tradicional o de gramática y traducción* se difundió en toda Europa a lo largo del siglo XIX y es el que durante siglos ha estado vigente en la cultura occidental; se trata de una manera de proceder que sigue los mismos principios empleados para la enseñanza-aprendizaje del griego o el latín, basado en el convencimiento de que las lenguas tienen un sistema gramatical perfectamente engarzado cuyo funcionamiento obedece a reglas lógicas de valor universal.

En España, su popularidad ha sido aún más llamativa si tenemos en cuenta que los principios en los que se basa se reflejan en los materiales didácticos en un momento de la historia de la enseñanza del español en que el estructuralismo –aplicado a la enseñanza de lenguas extranjeras– daba sus primeros frutos en Europa y EEUU. Fueron precisamente las investigaciones llevadas a cabo en torno a las lenguas amerindias las que pusieron en tela de juicio los principios de la gramática tradicional, ya que pusieron de manifiesto el carácter funcional de las lenguas como instrumentos de comunicación y el carácter idiosincrásico de cada una de ellas.

El aprendizaje de una lengua a través de la interiorización de su gramática es una tendencia que ha guiado los procedimientos didácticos durante siglos; y no es que, en la actualidad, el componente gramatical haya sido rechazado, no, en la actualidad el componente gramatical ocupa un lugar predominante junto a los componentes funcional, discursivo, sociocultural y estratégico de la competencia comunicativa, como más adelante veremos.

El aprendizaje de la lengua a través de la gramática supone una manera de proceder anclada en los siguientes principios:

a) memorización de reglas gramaticales;

b) ejercitación de las mismas por medio de ejercicios *ad hoc* en los que prevalece la forma sobre el contenido;

c) memorización de listados de vocabulario organizados por temas;

d) traducción directa e inversa;

e) uso de la lengua materna del alumno;

f) reflexiones de tipo contrastivo entre la lengua meta y la lengua materna.

La lengua queda reducida al conocimiento de las reglas que la gobiernan y su uso a la capacidad para descodificar textos escritos y producir discursos que respeten las reglas de organización de la estructura oracional. Veamos el siguiente ejemplo de un material didáctico prototípico:

EN EL COMEDOR

– *Es hora de poner la mesa. En el cajón del aparador está el mantel.*
– *Pero no están las servilletas.*
– *Las servilletas están sobre el mismo aparador, fuera del cajón.*
– *¿De qué color es el mantel?*
– *El mantel es blanco; las servilletas también son blancas.*
– *¿Dónde están los cubiertos?*
– *Están en el otro cajón.*
– *Para cada comensal ponemos un plato sopero, una cuchara, dos cuchillos y un tenedor.*

Curso breve de español para extranjeros. Grado medio (1954: 16)

COMPONENTE TEÓRICO	COMPONENTE PRÁCTICO
Teoría lingüística 1. La lengua es un conjunto de reglas que se manifiestan de forma lógica y son observables en los textos escritos. 2. El modelo de lengua es el que proporciona el texto escrito de las autoridades literarias. 3. Las destrezas lingüísticas que deben priorizarse son la comprensión lectora y la expresión escrita.	**Objetivos** 1. Saber gramática. 2. Adquirir información explícita sobre la estructura gramatical de la lengua, *saber sobre la lengua.* 3. Aprender a leer y escribir una nueva lengua.
Teoría psicolingüística 1. El aprendizaje de la gramática debe ser deductivo, es decir, mediante procesos reflexivos y explicativos. 2. El aprendizaje debe ser siempre un proceso consciente. 3. El aprendizaje de la teoría gramatical es imprescindible y previo a la práctica.	**Contenidos** 1. Gramaticales 2. Léxicos 3. Fonético-fonológicos **Procedimientos** 1. Aprendizaje memorístico de explicaciones gramáticales exhaustivas. 2. Ejemplificación de las reglas gramaticales mediante ejemplos *ad hoc.* 3. Memorización de listados de vocabulario descontextualizado y agrupado en familias léxicas. 4. Traducción directa e inversa de frases y enunciados descontextualizados. 5. Descripción de ilustraciones que ponen de relevancia el vocabulario introducido en la lección. 6. Análisis contrastivo de los elementos gramaticales con otras lenguas.

Clave

CONOCIMIENTO **EXPLÍCITO** DE LA **GRAMÁTICA** DE LA LENGUA META.

Material didáctico

M. ALONSO, 1949, *Español para extranjeros. Conversación, traducción, correspondencia,* Madrid, Aguilar.

F. de B. MOLL, 1954, *Curso breve de español para extranjeros,* Palma de Mallorca, Editorial Moll.

Método tradicional o de gramática y traducción

En conclusión, este método obedece a una concepción normativa y contrastiva de la lengua, cuya vigencia no ha tenido precedentes en un momento de la historia de la enseñanza del español como lengua extranjera en el que las modernas disciplinas científicas no habían hecho sus aportaciones. La importancia de la gramática como eje vertebrador del aprendizaje abre una fuerte controversia que se extenderá a lo largo de todo el siglo XX.

4.4.3. *Métodos de base estructural*

A partir de los años treinta y a raíz de las aportaciones de la Lingüística, la enseñanza de lenguas segundas y extranjeras entra en una nueva fase, en la que los planteamientos lingüísticos derivados de las distintas escuelas de corte estructural se aplican –a ambos lados del Atlántico– a la descripción de las lenguas naturales, dando lugar a varias corrientes metodológicas con ciertos elementos comunes: *método audio-oral, método estructuro-global-audiovisual y método situacional.* De todas estas variantes, es el método situacional el que mayor incidencia ha tenido en la enseñanza del español como lengua extranjera, cuyos fundamentos teóricos fueron plasmados en diversos materiales didácticos –en España– desde mediados de los años setenta. Puede resultar paradójico que los fundamentos del estructuralismo se implantaran en Europa y Estados Unidos a comienzos del siglo XX (F. de Saussure, 1916) y que, sin embargo, estos no se vieran reflejados en los materiales didácticos destinados a la enseñanza del español como lengua extranjera hasta fecha tan tardía; pero no debemos olvidar que el interés institucional y editorial por esta parcela de la docencia es relativamente reciente.

No obstante, la introducción en España de la metodología estructural aplicada a la enseñanza del español como lengua extranjera constituye un hito nada desdeñable, pues supone un cambio radical de orientación en la manera de entender el proceso de aprendizaje y en la manera de desarrollar los procedimientos didácticos, en un momento en que ni la Lingüística Aplicada –como disciplina científica– ni la enseñanza del español como lengua extranjera –como actividad docente– reciben ningún apoyo ni institucional ni académico.

Veamos un ejemplo de un material didáctico que puede servirnos para ejemplificar y deducir los fundamentos teórico-prácticos del *método situacional de componente estructural:*

• • • 2. Conteste a la pregunta

¿Eres estudiante?   – *Sí, soy estudiante.*

1. ¿Es usted profesor?   – ....
2. ¿Eres ingeniero?   – ....
3. ¿Eres piloto?   – ....
4. ¿Sois estudiantes?   – ....
5. ¿Son ustedes arquitectos? – ....
6. ¿Es Ángel médico?   – ....
7. ¿Eres azafata?   – ....
8. ¿Son ellos estudiantes? – ....
9. ¿Son ellas azafatas?   – ....
10. ¿Es usted enfermera?   – ....

Español 2000. Nivel elemental (1981: 10)

COMPONENTE TEÓRICO	COMPONENTE PRÁCTICO
Teoría lingüística 1. La lengua es un conjunto de estructuras organizadas de forma jerárquica en los distintos niveles de la descripción lingüística: fonético-fonológico-ortográfico, morfosintáctico y léxico-semántico, aunque este último queda relegado. 2. Prioridad de la manifestación oral. 3. Los elementos lingüísticos están ligados a un contexto o situación. 4. Ha de enseñarse *la lengua*, no algo sobre la lengua.	**Objetivos** 1. Competencia gramatical. 2. Conseguir un dominio de las estructuras gramaticales del sistema lingüístico de la lengua meta. 3. Desarrollar prioritariamente las destrezas de comprensión auditiva y expresión oral con un buen nivel de corrección fonética.

METODOLOGÍA

5. Las lenguas son diferentes, por lo tanto, sus sistemas funcionan también de manera diferente.	
Teoría psicolingüística 1. El aprendizaje consiste en la formación de hábitos y un hábito se explica mediante el binomio estímulo-respuesta. 2. El aprendizaje se consolida mediante procesos de repetición y automatización.	**Contenidos** 1. Estructuras gramaticales. 2. Elementos léxicos agrupados por temas. 3. Elementos fonético-fonológicos. 4. Aspectos culturales estereotipados.
	Procedimientos 1. Práctica controlada y memorización de muestras dialogadas ficticias. 2. Repetición y automatización de estructuras gramaticales, elementos fonéticos y léxicos mediante ejercicios de repetición, expansión, reducción y transferencia de modelos. 3. Presentación de esquemas gramaticales, explícitos y completos, pero sin explicaciones exhaustivas. 4. Presentación del vocabulario agrupado en familias léxicas y mediante imágenes ilustrativas.

Clave
AUTOMATIZACIÓN DE LAS **ESTRUCTURAS GRAMATICALES** DEL SISTEMA LINGÜÍSTICO.

Materiales didácticos
SÁNCHEZ PÉREZ, A. *et al.*, 1974, *Español en directo,* Madrid, SGEL.
SÁNCHEZ LOBATO, J. y GARCÍA FERNÁNDEZ, N., 1981, *Español 2000,* Madrid, SGEL.

Métodos de base estructural

La clave del aprendizaje, en cuanto a contenidos se refiere, es de índole gramatical: la gramática es, junto al vocabulario y el sistema fonético-fonológico, el elemento central objeto de aprendizaje y ejercitación; el uso de la lengua se reduce al conocimiento y manejo, desde un punto de vista formal, de las estructuras gramaticales del sistema lingüístico. En la actualidad, tras haberse sucedido propuestas metodológicas que relegan el lugar de la gramática a un segundo plano –como veremos más adelante– existe una opinión unánimemente compartida en torno a la importancia del componente gramatical en el aprendizaje de la lengua y el debate se centra en el tipo de gramática que vamos a aprender-enseñar:

> *La importancia de la gramática y de la lingüística en general para la enseñanza de lenguas es hoy generalmente aceptada. Lo que se plantean quienes están interesados en esta actividad son más bien preguntas de este orden: ¿Existen una teoría lingüística y una descripción gramatical más apropiadas que las demás para los intereses de aquellos que se proponen enseñar o aprender una nueva lengua? ¿Cuál es la relación que se establece entre los postulados de una teoría lingüística y su aplicación a la enseñanza de lenguas? ¿Cuál es la que se establece entre los datos proporcionados por una determinada descripción gramatical y el programa de enseñanza a hablantes no nativos?*
>
> E. Martín Peris (1998: 6)

Los diversos métodos de base y componente estructural implantados en EE.UU. desde los años cuarenta y posteriormente en Europa –basados en el aprendizaje inductivo de las reglas gramaticales y en la repetición y automatización como procedimientos didácticos fundamentales– tienen vigencia en amplios ámbitos donde el español se aprende como lengua segunda o extranjera. Lo cierto es que con los inconvenientes de una metodología poco variada en lo que respecta a las actividades y una total ausencia de contenido semántico significativo en la producción lingüística, garantiza un aprendizaje secuenciado y altamente organizado del sistema lingüístico de la lengua meta, aspecto que para algunos individuos y en determinados contextos constituye una prioridad.

Debe quedar claro, desde ahora, que *ningún método es nuevo sino novedoso*, en el sentido de que las propuestas más innovadoras conservan planteamientos didácticos enraizados en la tradición, como lo es el uso de la imagen para la presentación del vocabulario, el empleo de muestras de lengua dialogadas o la repetición de modelos lingüísticos.

4.4.4. *Planteamientos nocional-funcionales*

En la década de los sesenta comienzan a manifestarse las primeras críticas hacia el estructuralismo como modelo para la descripción gramatical de las lenguas y contra el conductismo como modelo psicolingüístico para el aprendizaje; desde el punto de vista práctico, las críticas se centran en la dificultad de aplicar lo aprendido de forma apropiada al contexto comunicativo. Estas críticas coinciden con un cambio de orientación en los planteamientos lingüísticos que cristalizan en la propuesta chomskiana, cuyos fundamentos teóricos apenas tuvieron incidencia en la enseñanza-aprendizaje de las lenguas extranjeras.

Los años setenta constituyen un decenio marcado por la desilusión ante los resultados obtenidos mediante la metodología de componente estructural, una desorientación generalizada entre el profesorado, la incorporación de la Semántica a la descripción gramatical, el desarrollo de la Pragmática –como disciplina centrada en el estudio del lenguaje y en las condiciones en que se producen los actos de habla–, y la aplicación del concepto de competencia comunicativa al ámbito de la enseñanza-aprendizaje de lenguas extranjeras.

El interés por la renovación de los procedimientos didácticos lleva al Consejo de Europa a desarrollar el *Proyecto de Lenguas Vivas* (1971-1987) cuyo propósito se centra en homogeneizar la enseñanza de las lenguas naturales en Europa y proponer una alternativa metodológica que supere las deficiencias del estructuralismo; fruto de este proyecto, tiene lugar la publicación de *The Threshold Level* (V. Ek, 1975), que supone la primera sistematización de una lengua natural en *nociones* y *funciones lingüísticas* y cuya adaptación al español fue responsabilidad de P. J. Slagter (*Un nivel Umbral*, 1979).

El concepto vertebrador del aprendizaje es el de *función lingüística*, entendida como *las cosas que hacemos con la lengua*: saludar, disculparnos, expresar tristeza, manifestar sorpresa, felicitar, etc.; de manera que lo relevante es precisamente lo que queremos hacer con la lengua, y los exponentes lingüísticos necesarios para llevar a cabo una función pasan a ser secundarios.

Los planteamientos nocional-funcionales empiezan a estar presentes en los materiales didácticos de E/LE en los años 80 y muestran un verdadero cambio de orientación metodológica, como podemos observar en la muestra seleccionada:

1.3. Manolo intenta ligar.

● Manolo
○ Helga

● Hola. Eres extranjera, ¿verdad?
○ Sí, soy alemana.
● ¿De Berlín?
○ No, soy de Bonn.
● Yo soy vasco pero vivo en Barcelona.
○ ¡Ah...!
● Me llamo Imanol, ¿y tú?
○ Helga.
● ¿Estudias o trabajas?
○ Soy estudiante.
● Pues yo trabajo en un banco.

Para empezar A (1985: 13)

COMPONENTE TEÓRICO	COMPONENTE PRÁCTICO
Teoría lingüística 1. La lengua es un sistema orientado a la *comunicación*. 2. La comunicación prioriza la transmisión de significado. 3. El significado se transmite en una determinada situación comunicativa y en un contexto específico.	**Objetivos** 1. Competencia comunicativa: ser capaz de actuar de manera adecuada en una comunidad lingüística en la que la lengua meta es vehículo de comunicación. 2. Desarrollar de manera integral las cuatro destrezas lingüísticas: expresión oral, comprensión auditiva, expresión escrita y comprensión lectora. 3. Interiorizar los elementos lingüísticos y no lingüísticos necesarios para llevar a cabo un determinado acto de habla. 4. Lograr un equilibrio entre la transmisión de significado y la corrección formal.

Teoría psicolingüística	Contenidos
1. El aprendizaje empieza a considerar al alumno protagonista del proceso.	1. Funciones lingüísticas. 2. Contenidos gramaticales y léxicos necesarios para llevar a cabo las funciones. 3. Contenidos culturales.
	Procedimientos 1. Se combinan procedimientos enraizados en la tradición gramatical y estructural junto a otros que enfatizan el uso de la lengua en contextos en los que la transmisión de significado es prioritaria. 2. El eje vertebrador de la programación lo constituyen las funciones lingüísticas. 3. Los exponentes lingüísticos se subordinan a las funciones.

Clave
SELECCIONAR LAS **FUNCIONES LINGÜÍSTICAS** Y LOS EXPONENTES
NECESARIOS PARA LLEVARLAS A CABO.

Materiales didácticos
EQUIPO PRAGMA, 1985, *Para empezar,* Madrid, Edelsa.
EQUIPO PRAGMA, 1987, *Esto funciona,* Madrid, Edelsa.
SÁNCHEZ, A. *et al.,* 1987, *Antena,* Madrid, SGEL.

Enfoque nocional-funcional

En conclusión, los planteamientos *nocional-funcionales* consti-
tuyeron un importante cambio de paradigma en lo que a la enseñanza de lenguas extranjeras se refiere; asimismo, permitieron que
los procedimientos didácticos y los materiales empezaran a adaptarse a los objetivos y necesidades del aprendizaje de idiomas y
abrieron el camino para la definición del enfoque comunicativo.

4.4.5. *Enfoque comunicativo*

El enfoque comunicativo es una orientación metodológica
aplicada a la enseñanza de lenguas extranjeras que tiene su origen en un movimiento renovador desarrollado durante la déca-

da de los setenta en el marco de las acciones promovidas por el Consejo de Europa y motivado por la necesidad de superar el vacío metodológico predominante y homogeneizar la enseñanza de lenguas extranjeras en Europa.

El enfoque comunicativo integra de forma interdisciplinar las aportaciones de diversas disciplinas:

a) Psicolingüística: el aprendizaje es un proceso activo caracterizado por la puesta en funcionamiento de diversas estrategias de carácter cognitivo y se encuentra en reestructuración constante, de ahí la importancia de las estrategias de aprendizaje y del concepto de *autonomía*.

b) Etnografía del Habla: se toma el concepto de *competencia comunicativa*, propuesto por D. Hymes y reformulado posteriormente por Canale (1983), según el cual el objetivo del aprendizaje descansa en el logro de un conjunto de habilidades definidas por las subcompetencias lingüística, sociolingüística, discursiva y estratégica.

c) Pragmática: se toma el concepto de *acto de habla* propuesto por J. Austin (1962, *Cómo hacer cosas con palabras*) y J. Searle (1969, *Actos de habla. Un ensayo sobre Filosofía del Lenguaje*), que va a tener una incidencia capital para la definición del concepto de *función lingüística*.

d) Sociolingüística: se toma la idea de la *variación lingüística*, frente al modelo abstracto de lengua difundido en décadas anteriores.

e) Lingüística: se toman las aportaciones derivadas de los estudios de Análisis del Discurso y Análisis de la Conversación.

La aplicación de los principios del Enfoque Comunicativo se deja sentir a mediados de los ochenta (Equipo Pragma, 1985, 1987; A. Sánchez *et al.*, 1987) dando como resultado unos materiales didácticos innovadores en los que todavía están presentes algunos procedimientos y técnicas de metodologías anteriores; es a finales del decenio y comienzo de los noventa cuando empezará a dar sus frutos en propuestas didácticas marcadamente comunicativas (L. Miquel y N. Sans, 1989, 1995; V. Borobio, 1992).

El enfoque comunicativo pone de relevancia el carácter funcional de la lengua como instrumento de comunicación, de manera que son las *funciones lingüísticas* el eje vertebrador del aprendizaje; asimismo, introduce el concepto de *competencia comunicativa* al ámbito de la enseñanza-aprendizaje de lenguas extranjeras, lo que supone una sensible ampliación de los objetivos del aprendizaje: el uso adecuado de la lengua exige conocimientos socioculturales, discursivos y estratégicos, además de los propiamente lingüísticos y funcionales. Por último, y como procedimiento operativo, las *actividades comunicativas* se constituyen en catalizadores indiscutibles del proceso de aprendizaje.

¿Qué es una *actividad comunicativa*? Una actividad en la que el objetivo prioritario es la interacción comunicativa y, por lo tanto, aparecen implicadas dos o más destrezas lingüísticas; una actividad centrada en el contenido y en la que la forma constituye un aspecto secundario; una actividad que reproduce –en el marco de la ficción del aula– una situación real en la que dos o más interlocutores intercambian información, manifiestan sentimientos, hacen peticiones, piden la opinión del otro, etc.

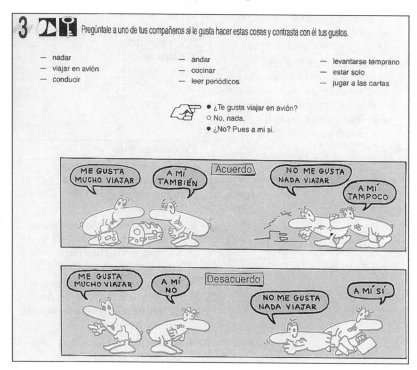

Intercambio 1 (1989: 65)

COMPONENTE TEÓRICO	COMPONENTE PRÁCTICO
Teoría lingüística	**Objetivos**
1. La lengua es un instrumento empleado por los seres humanos para la comunicación, es decir, para la transmisión de significado. 2. La descripción del sistema ha de llevarse a efecto según criterios de análisis pragmático y discursivo, es decir, atendiendo al funcionamiento del sistema en uso.	1. Logro de una competencia comunicativa, es decir, de un conjunto de habilidades (lingüísticas, discursivas, socioculturales y estratégicas) que permitan la actuación adecuada del hablante no nativo en una situación concreta de comunicación. 2. Desarrollo de las cuatro destrezas lingüísticas con prioridad para la expresión oral y la comprensión auditiva. 3. Negociación y fomento de la *autonomía en el aprendizaje.*
Teoría psicolingüística	**Contenidos**
1. El aprendizaje es un proceso activo que se encuentra en *reestructuración continua* para conformar la *interlengua.* 2. En dicho proceso se ponen en funcionamiento un conjunto de estrategias cognitivas de tipo universal y otras específicas del sujeto que aprende.	1. Funcionales. 2. Léxico-semánticos. 3. Lingüísticos. 4. Culturales. 5. Estratégicos.
	Procedimientos
	1. Selección de funciones lingüísticas prioritarias para un determinado nivel de aprendizaje. 2. Selección de los exponentes lingüísticos (gramaticales y léxicos) necesarios para llevar a cabo determinadas funciones. 3. Propuesta de actividades que propicien la realización de dichas funciones en contextos significativos. 4. Inducción del funcionamiento del sistema a través de la práctica.

| **Clave** |
| LOGRAR UN **COMPETENCIA COMUNICATIVA** QUE GARANTICE LA HABILIDAD DEL HABLANTE NO NATIVO PARA PARTICIPAR DE FORMA ADECUADA EN SITUACIONES COMUNICATIVAS SIGNIFICATIVAS. |
| **Materiales didácticos** |
| L. MIQUEL y N. SANS, 1989, *Intercambio,* Barcelona, Difusión.
V. BOROBIO, 1992, *E/LE,* Madrid, S.M.
O. CERROLAZA, B. LLOVET y M. CERROLAZA, 1998, *Planet@ ELE,* Madrid, Edelsa. |

Enfoque comunicativo

En conclusión, los principios teóricos sobre la naturaleza de la lengua y sobre la naturaleza del aprendizaje en los que se fundamenta el *enfoque comunicativo* son de aceptación general entre profesores e investigadores. No obstante, como veremos a continuación, un análisis de los materiales didácticos de incorporación más reciente al mercado editorial permite constatar que en la actualidad hay un diferente grado de aplicación de los principios generales en que está basado el enfoque comunicativo.

4.4.6. *Enfoque comunicativo moderado*

La aplicación de los principios del *enfoque comunicativo* a la enseñanza del español como lengua extranjera se ha dejado sentir en los materiales didácticos y, con ello, en las aulas desde mediados de los años ochenta. Tras una adopción de sus principios vertebradores y la reflexión llevada a cabo por profesores e investigadores, en el presente parecen coexistir varias tendencias metodológicas, que no constituyen contradicción sino diferente grado de aplicación de unos principios generales. Estas aplicaciones reciben las siguientes denominaciones: *enfoque comunicativo, enfoque por tareas y enfoque comunicativo moderado.*

Lo que nosotros denominamos *enfoque comunicativo moderado* es una orientación metodológica que acepta los siguientes principios:

a) *La lengua es un instrumento de comunicación,* de ahí que los materiales didácticos deban presentar muestras de lengua (orales y escritas; auténticas y ficticias) que reflejen el uso que de la lengua hacemos los hablantes nativos en situaciones y contextos concretos de comunicación. Por ello, si la variante de lengua que se quiere presentar es la oral conversacional, las muestras de lengua habrán de presentar dos o más interlocutores con dos o más intervenciones y habrán de respetar las máximas conversacionales, la cantidad de información que se transmite, la pertinencia de esta información y los mecanismos empleados por los hablantes nativos para conceder o tomar el turno de palabra; si las muestras de lengua son escritas habrán de mostrar una variedad de registros y una tipología de escritos que abarquen las diferentes posibilidades discursivas y estilísticas del español.

Español sin fronteras. Nivel elemental (1997: 100)

b) *La lengua debe describirse en contextos de uso,* de ahí que las conceptualizaciones (información sobre el uso y funcionamiento de la lengua) deban integrar las aportaciones de la gramática, la pragmática y el análisis del discurso; es decir, deberemos concretar *qué cosas hacemos con la lengua* (saludar, disculparnos, mostrar enfado, pedir un objeto, dar las gracias, etc.) *y qué exponentes (lingüísticos y no lingüísticos) necesitamos* para hacer esas cosas *con adecuación y efectividad.*

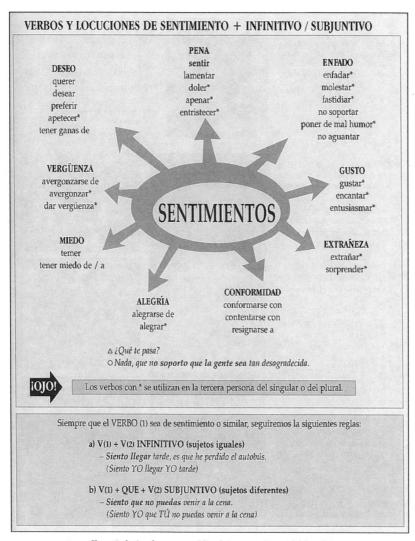

VERBOS Y LOCUCIONES DE SENTIMIENTO + INFINITIVO / SUBJUNTIVO

PENA
sentir
lamentar
doler*
apenar*
entristecer*

DESEO
querer
desear
preferir
apetecer*
tener ganas de

ENFADO
enfadar*
molestar*
fastidiar*
no soportar
poner de mal humor*
no aguantar

VERGÜENZA
avergonzarse de
avergonzar*
dar vergüenza*

SENTIMIENTOS

GUSTO
gustar*
encantar*
entusiasmar*

MIEDO
temer
tener miedo de / a

EXTRAÑEZA
extrañar*
sorprender*

ALEGRÍA
alegrarse de
alegrar*

CONFORMIDAD
conformarse con
contentarse con
resignarse a

△ *¿Qué te pasa?*
○ *Nada, que no soporto que la gente sea tan desagradecida.*

¡OJO! Los verbos con * se utilizan en la tercera persona del singular o del plural.

Siempre que el VERBO (1) sea de sentimiento o similar, seguiremos la siguientes reglas:

a) V(1) + V(2) INFINITIVO (sujetos iguales)
– *Siento llegar tarde, es que he perdido el autobús.*
  (*Siento YO llegar YO tarde*)

b) V(1) + QUE + V(2) SUBJUNTIVO (sujetos diferentes)
– *Siento que no puedas venir a la cena.*
  (*Siento YO que TÚ no puedas venir a la cena*)

Español sin fronteras. Nivel intermedio (1998: 67)

c) *El aprendizaje de la lengua tiene como objetivo el logro de una competencia comunicativa, por lo que la lengua se ejercita mediante actividades comunicativas,* es decir, mediante actividades que pongan al alumno como interlocutor activo en *situaciones de comunicación que le interesen y en las que sienta la necesidad de transmitir un significado.*

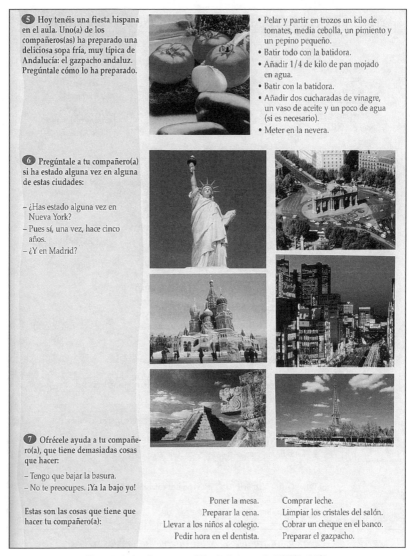

5 Hoy tenéis una fiesta hispana en el aula. Uno(a) de los compañeros(as) ha preparado una deliciosa sopa fría, muy típica de Andalucía: el gazpacho andaluz. Pregúntale cómo lo ha preparado.

- Pelar y partir en trozos un kilo de tomates, media cebolla, un pimiento y un pepino pequeño.
- Batir todo con la batidora.
- Añadir 1/4 de kilo de pan mojado en agua.
- Batir con la batidora.
- Añadir dos cucharadas de vinagre, un vaso de aceite y un poco de agua (si es necesario).
- Meter en la nevera.

6 Pregúntale a tu compañero(a) si ha estado alguna vez en alguna de estas ciudades:

– ¿Has estado alguna vez en Nueva York?
– Pues sí, una vez, hace cinco años.
– ¿Y en Madrid?

7 Ofrécele ayuda a tu compañe-ro(a), que tiene demasiadas cosas que hacer:

– Tengo que bajar la basura.
– No te preocupes. ¡Ya la bajo yo!

Estas son las cosas que tiene que hacer tu compañero(a):

Poner la mesa.	Comprar leche.
Preparar la cena.	Limpiar los cristales del salón.
Llevar a los niños al colegio.	Cobrar un cheque en el banco.
Pedir hora en el dentista.	Preparar el gazpacho.

Español sin fronteras. Nivel elemental (1997: 107)

Estos son los elementos que, en líneas muy generales, enten-demos que un material didáctico de corte comunicativo ha de presentar, como mínimo. Ahora bien, desde nuestro punto de vista personal y desde la experiencia *esto no implica*:

d) *En relación con la información gramatical:* que sea reducida a una presencia anecdótica, al paradima incompleto de formas lingüísticas; muy por el contrario la información gramatical ha de integrarse en la información pragmática y esto es así, a nuestro modo de ver, porque no podemos ignorar la complejidad estructural de una lengua romance como el español; y esa complejidad exige la reflexión gramatical o, cuanto menos, la sensibilización gramatical. No debemos olvidar que la lengua que se tomó como modelo para la conceptualización del enfoque comunicativo fue el inglés, cuya complejidad morfosintáctica no puede compararse con la del español.

e) *En relación con las actividades:* que las actividades centradas en la ejercitación de aspectos formales sean consideradas innecesarias u obstaculizadoras del aprendizaje. Creemos que este tipo de actividades contribuye a la sensibilización gramatical y, como hemos dicho anteriormente, esto es necesario en el aprendizaje de una lengua como el español. Ahora bien, estas actividades deberán poner al alumno en situaciones concretas de comunicación en las que deba transmitir significados pertinentes.

f) *En relación con las muestras de lengua:* que las muestras de lengua dialogadas, elaboradas con fines didácticos, sean un elemento que muestra una realidad deformada del uso de la lengua y, por lo tanto, constituyan procedimientos no facilitadores del aprendizaje. Creemos que este tipo de muestras de lengua es útil en el aprendizaje siempre y cuando reproduzcan de la forma más fiel posible el uso que de la lengua hacemos los hablantes nativos en una determinada situación comunicativa.

Esta propuesta parte de la doble consideración de la lengua como sistema y como instrumento de comunicación, aspecto en el que manifestamos nuestro acuerdo con el *Plan Curricular* (1994: 14) del Instituto Cervantes:

> *Esta doble consideración de la lengua constituye el eje central en el que se articula la base teórica de este documento: conocimien-*

to riguroso de los elementos descriptivos de la lengua y aprendizaje de su empleo en situaciones concretas, en consonancia con una concepción de la lengua como instrumento de comunicación.

Es así, porque estamos convencidos de que la constitución estructural del español exige cierta reflexión sobre el funcionamiento del sistema y ejercitación formal en torno a muchos aspectos de gran complejidad; sin embargo, ésta habrá de llevarse a cabo siempre en contextos significativos y en torno a temas motivadores y muestra de la amplia cultura hispánica.

Al hilo de estas reflexiones nos planteamos algunas preguntas: ¿Por qué el enfoque comunicativo ha considerado contradictorios, en algún momento de su aplicación, el carácter funcional de la lengua y la sistematización gramatical? ¿Por qué hemos de rechazar de forma sistemática procedimientos didácticos de orientaciones metodológicas hoy ya superadas? ¿Por qué, en algunos sectores, se practica la intolerancia en lo que a metodología se refiere? En definitiva, ¿por qué no aceptar que puedan darse distintos grados de aplicación de unos mismos principios?

COMPONENTE TEÓRICO	COMPONENTE PRÁCTICO
Teoría lingüística La lengua es un complejo sistema de signos y asociaciones y un instrumento de comunicación.	**Objetivos** 1. Interiorizar los elementos necesarios para actuar de forma adecuada al contexto comunicativo en el seno de una comunidad lingüística en la que la lengua meta es vehículo de comunicación. 2. Desarrollar de forma integral las cuatro destrezas lingüísticas. 3. Adquirir una idea clara del funcionamiento de la lengua como sistema. 4. Emplear los elementos lingüísticos de forma adecuada y apropiada al contexto comunicativo.

Teoría psicolingüística

El aprendizaje integra un conjunto de estrategias de muy diversa índole:

• repetición de estructuras;
• transferencia de la lengua materna y de otras lenguas que se conocen;
• generalización de las reglas de la lengua meta;
• reestructuración constante del sistema interlingüístico;
• empleo de estrategias de comunicación cuando la situación lo requiere;
• y otras que son específicas del sujeto que aprende.

Contenidos

1. Funcionales.
2. Gramaticales
3. Léxicos
4. Fonético-fonológico-ortográficos
5. Culturales
6. Estratégicos

Procedimientos

1. Contextualización de los contenidos mediante alguna actividad motivadora.
2. Presentación de los contenidos mediante muestras de lengua dialogadas (en los niveles elemental e intermedio) en las que haya dos o más interlocutores y que repeten las máximas conversacionales y los turnos de palabra.
3. Ejercitación inductiva de los nuevos contenidos.
4. Conceptualización de los contenidos funcionales, gramaticales, léxicos y culturales mediante esquemas claros, completos y breves.
5. Ejercitación de los contenidos mediante una batería de actividades que, incluyendo procedimientos enraizados en la tradición y otros más actuales, estén orientadas al desarrollo integral de las cuatro destrezas lingüísticas.

Clave

CONSEGUIR UN EQUILIBRIO EN LA DOBLE CONSIDERACIÓN DE LA LENGUA COMO INSTRUMENTO DE COMUNICACIÓN Y COMO SISTEMA DE SIGNOS Y RELACIONES, DE MANERA QUE EL APRENDIZAJE SEA COMPLETO Y COHERENTE.

Materiales didácticos

VVAA, 1990, *Ven*, Madrid, Edelsa.
SÁNCHEZ, A., CANTOS, P. y Mª T. ESPINET, 1995, *Cumbre*, Madrid, SGEL.
SÁNCHEZ LOBATO, J., MORENO, C. y SANTOS GARGALLO, I., 1997, *Español sin fronteras*, Madrid, SGEL.

Enfoque comunicativo moderado

En conclusión, el diferente grado de aplicación de los principios generales del enfoque comunicativo permite que el profesor disponga de una material didáctico variado y adaptable a contextos de enseñanza concretos.

4.4.7. *Enfoque por tareas*

A finales de la década de los ochenta surge en el ámbito anglosajón una nueva orientación metodológica, denominada *enfoque por tareas* (D. Nunan, 1989), que viene a ampliar y definir los procedimientos didácticos que garantizan el logro de la competencia comunicativa –objetivo del aprendizaje de una lengua segunda o extranjera, aceptado sin fisuras durante los últimos veinte años–. La introducción de los planteamientos teóricos de esta metodología en España viene de la mano de los trabajos publicados por J. Zanón y Mª J. Hernández (1990), J. Zanón (1990) y S. Estaire (1990) y su aplicación práctica más difundida se refleja en el curso de español para extranjeros *Gente* de N. Sans y E. Martín Peris (1997).

Tras veinte años de aplicación de los principios comunicativos empiezan a escucharse las primeras críticas, centradas en los siguientes aspectos:

a) carencia de una reflexión sobre cómo se aprende una lengua;

b) las actividades comunicativas proporcionan contextos para la simulación de la comunicación, pero no prestan atención a los *procesos de comunicación* ni crean verdaderos *espacios de comunicación*;

c) el diseño de las unidades didácticas no permite la adaptación del material a un contexto docente concreto.

En relación con el primer aspecto, la naturaleza del aprendizaje de una lengua segunda o extranjera sigue siendo un reto para la Psicolingüística; como ya indicamos en el capítulo segundo, todavía no hemos podido precisar los procesos cognitivos y todos los mecanismos responsables de la construcción de la competencia comunicativa.

En cuanto al concepto de *actividad comunicativa* y a las aportaciones del concepto de *tarea*, debemos señalar que lo que se critica a las actividades que aparecen en los materiales didácticos comunicativos es que posibilitan simulaciones de comunicación, pero no hacen viable el desarrollo de los procesos que han de tener lugar para que se produzca la comunicación. Nos preguntamos cuáles son, entonces, las condiciones que ha de cumplir una actividad de acuerdo con la propuesta del enfoque o diseño por tareas:

> *a) proporcionar los instrumentos necesarios (léase contenidos para la comunicación) que les permitan incorporarse a la situación;*
> *b) dotarles de una razón para implicarse en una actividad de descodificación/búsqueda de información (...);*
> *c) crear una situación en la que otro interlocutor proporcione información contingente;*
> *d) dotar al aprendizaje de una intención comunicativa en la actividad que le dote de un marco conceptual de referencia sobre el que evaluar el resultado de su proceso de extracción de la información pragmática de la producción de su interlocutor y sobre el que decidir si finaliza la situación o la continúa con otra producción.*

J. Zanón (1990: 15)

Por último, se destaca la necesidad de que el material didáctico esté dotado de la necesaria flexibilidad para ser adaptado al contexto docente en que nos encontremos. Lo cierto es que, a nuestro modo de ver, este aspecto no deja de ser redundante, por cuanto en todos los tiempos y aún desde planteamientos metodológicos contrarios se ha señalado la necesidad de condicionar la enseñanza al análisis del contexto y a las necesidades de los que aprenden. No obstante, la propuesta que estamos analizando concreta este aspecto en las siguientes pautas:

> *En primer lugar, (...) el uso del libro de texto y otros materiales en el aula debe estar al servicio de un «plan» o diseño de actividades que rebase las limitaciones de la programación «obligada» por los mismos materiales y que incorpore un equilibrio entre el desarrollo de los procesos de comunicación en la lengua extranjera.*
> *En segundo lugar, la organización de estos contenidos en forma de unidades didácticas implica, al menos cuatro fases diferenciadas: una fase (i) de presentación de la unidad apropiada al nivel y características de los aprendices. Una segunda fase (ii) de uso inicial controlado (...) Una fase (Iii) de uso activo y real de estos contenidos. En nuestros términos, un espacio de comunicación donde desarrollar los procesos implicados en la comunicación con los contenidos ya dominados a otro nivel. Finalmente, una fase (iv) de reaparición posterior y corrección , ampliación, revisión del material aportado por la unidad.*

J. Zanón y Mª J. Hernández (1990: 17)

En este contexto de conceptualización se define el *enfoque por tareas* como una alternativa a la enseñanza-aprendizaje de lenguas extranjeras que acepta los principios fundamentales de la enseñanza comunicativa e introduce la *tarea* como procedimiento didáctico para generar en el aula auténticos *procesos de comunicación*. El concepto de *tarea* es definido por D. Nunan (1989:10) como sigue:

> (...) *una unidad de trabajo en el aula que implique a los aprendices en la comprensión, manipulación, producción o interacción en la L2 mientras su atención se halla concentrada prioritariamente en el significado más que en la forma.*

J. Zanón (1990: 22-23) concreta como definitorias de la *tarea* las siguientes características:

> 1) *representativa de procesos de comunicación de la vida real;*
>
> 2) *identificable como unidad de actividad en el aula;*
>
> 3) *dirigida intencionalmente hacia el aprendizaje del lenguaje;*
>
> 4) *diseñada con un objetivo, estructura y secuencia de trabajo.*
>
> 5) *(...) énfasis sobre la manipulación de información (el significado) vs. la actividad centrada en los contenidos lingüísticos (la forma)...*

Esta propuesta metodológica matiza los procedimientos de enseñanza y las pautas para el diseño de materiales didácticos para el logro de la competencia comunicativa:

Gente 1(1997:11)

COMPONENTE TEÓRICO	COMPONENTE PRÁCTICO
Teoría lingüística 1. La lengua es un instrumento empleado por los seres humanos para la comunicación, es decir, para la transmisión de significado. 2. La descripción del sistema ha de llevarse a efecto según criterios de análisis pragmático y discursivo, es decir, atendiendo al funcionamiento del sistema en uso.	**Objetivos** 1. Desarrollo integrado de las destrezas lingüísticas y logro de la competencia comunicativa. 2. Desarrollo de auténticos procesos de comunicación en los que se dé la resolución de problemas, la negociación del significado y el intercambio de reacciones. 3. Indagación en las estrategias de aprendizaje. 4. Fomento de la autonomía en el aprendizaje.
Teoría psicolingüística 1. El aprendizaje es un proceso activo que se encuentra en *reestructuración continua* para conformar la *interlengua*. 2. En dicho proceso se ponen en funcionamiento un conjunto de estrategias cognitivas de tipo universal y otras específicas del sujeto que aprende.	**Contenidos** 1. Funcionales 2. Lingüísticos 3. Socioculturales 4. Estratégicos (aprendizaje y comunicación)
	Procedimientos 1. Elegir un ámbito o tema. 2. Definir una tarea final y las tareas intermedias. 3. Definir los contenidos comunicativos. 4. Especificar los exponentes lingüísticos implicados. 5. Diseñar las actividades. 6. Preveer los materiales necesarios. 7. Secuenciar y temporalizar la unidad.

Clave

DENTRO DEL MARCO GENERAL DEL ENFOQUE COMUNICATIVO SE PROPONE
LOGRAR LA COMPETENCIA COMUNICATIVA MEDIANTE EL DESARROLLO DE
AUTÉNTICOS PROCESOS DE COMUNICACIÓN EN LOS QUE SE SELECCIONE,
NEGOCIE Y TRANSMITA SIGNIFICADO EN TAREAS REALES.

Materiales didácticos
N. SANS y E. MARTÍN PERIS, 1997, *Gente,* Difusión, Barcelona.

Enfoque por tareas

4.5. CONCLUSIÓN: NUESTRA ACTITUD ANTE LA METODOLOGÍA

A lo largo de estas páginas nuestro deseo ha sido trazar un hilo conductor que explicitara de manera coherente nuestra actitud ante la enseñanza del español como lengua extranjera, una actitud que es fruto de una larga experiencia docente, de un nutrido cuerpo de lecturas, de la investigación y de la reflexión diaria en el aula. Recordamos que el proceso de enseñanza-aprendizaje es poliédrico y multifácético, que el elemento central de dicho proceso es el sujeto que aprende –ser humano complejo y único–, que cada contexto docente obedece a una idiosincrasia difícil de caracterizar de forma apriorística y que es conveniente profundizar en el conocimiento de los procesos subyacentes al aprendizaje, porque cuanto más sepamos sobre ellos, mejor orientaremos el proceso de enseñanza.

Añadimos ahora que, en lo referente a la metodología, no es necesario ni, muchas veces posible, tomar partido por una determinada orientación, aun cuando haya muchos profesionales que estén en desacuerdo con esta afirmación. Defendemos la idea de que el profesor de español como lengua extranjera ha de tener una *formación completa,* la cual ha de incluir los fundamentos teórico-prácticos de las distintas orientaciones metodológicas, el manejo de los materiales didácticos, así como la capacidad para adaptarlos y crear otros nuevos. A la formación se sumará la *experiencia,* ya que el *profesor se hace en el aula.* Son las situaciones docentes, los individuos que aprenden y los interrogantes planteados los elementos que van marcando el camino. El profesor podrá partir de un conjunto de principios que constituyan la orientación didáctica con la que se identifique, pero

habrá de corroborarla mediante el *análisis del contexto docente*, tal
y como indicamos al comienzo de este capítulo.

La actitud que nosotros manifestamos no es nueva, de
hecho, en todas las épocas ha habido profesionales que, al margen de la opción metodológica implantada en un determinado
momento histórico, han defendido el acopio de procedimientos
propios de distintas orientaciones con el fin de garantizar el aprendizaje. En este contexto se ha hablado muchas veces del método ecléctico, al que a su vez se ha calificado como carente de
principios y reflejo de la falta de compromiso; no creemos que
se pueda hablar *del* método ecléctico sino de *actitudes eclécticas
fruto del análisis del contexto docente*, porque el propio término hace
alusión a un abanico de posibilidades mediante la combinación
de principios de diferentes doctrinas.

En la actualidad –en lo que respecta a esta última década–
se puede observar, tras un análisis de los últimos materiales didácticos aparecidos en el mercado, que coexisten varias tendencias
metodológicas no demasido alejadas entre sí, ya que aceptan unos
principios generales sobre los que hoy en día ya no cabe discu-
sión:

a) la lengua es un instrumento de comunicación;

b) la descripción de su funcionamiento ha de integrar las
   aportaciones de la pragmática y del análisis del discurso;

c) las actividades que facilitan el aprendizaje son aquellas que
   ponen al sujeto que aprende en situaciones motivadoras,
   en las que siente una necesidad de transmitir significado.

Estas distintas tendencias metodológicas a las que nos estamos refiriendo reflejan, desde nuestro modesto punto de vista,
diversos grados de aplicación de unos principios y conceptos fundamentales dentro del marco general de la enseñanza comunicativa.

¿Por qué? Porque los contextos docentes en los que se
aprende español a lo largo y ancho de este mundo constituyen
un amplio abanico de situaciones, motivaciones y necesidades, y
la intervención didáctica debe disponer de respuestas que se adap-
ten a esos contextos. El profesor de lenguas ha de contar con una
amplia formación y, en la medida de lo posible, con un reper-
torio variado de materiales didácticos, pues sólo de esta manera

podrá aplicar sus procedimientos didácticos y facilitar el aprendizaje.

Porque entre el profesorado, entre los formadores de profesores y entre los autores de material didáctico (funciones que, a veces coinciden en una misma persona), existen personas que estamos convencidas de que la lengua es en primer lugar y por encima de todo, un instrumento de comunicación, pero es también un complejo sistema de signos que se combinan por medio de reglas gramaticales, pragmáticas y culturales, y esta complejidad obliga a un conocimiento profundo de las mismas si queremos garantizar una competencia comunicativa en toda la extensión del concepto (lingüística, discursiva, sociocultural y estratégica).

Porque es bueno que así sea, ya que la diversidad –dentro de estos parámetros que aceptamos– permitirá la adecuación didáctica y, con ello, garantizará el aprendizaje.

ACTIVIDADES DE REFLEXIÓN

1. Señala en cuáles de las siguientes áreas geográficas se habla el español como lengua materna (L1), como lengua extranjera (LE) o como lengua segunda (L2): España, Guinea Ecuatorial, Cuba, Brasil, El Salvador, Japón, Túnez.

2. Enumera y explica los aspectos internos que caracterizan la Lingüística Aplicada (LA) como disciplina científica y las iniciativas externas que han contribuido a su constitución.

3. Establece una clasificación de los ámbitos de interés de la Lingüística Aplicada e indica aquellos de los cuales conoces su propósito y ámbito de estudio.

4. ¿Cuáles son las iniciativas externas que han contribuido a la constitución de la enseñanza del español como lengua extranjera (E/LE) en España?

5. ¿Cuáles son, en tu opinión, las características que debe tener un profesor de E/LE? Indica el orden de importancia:

1. Conocimiento de la lengua y la cultura hispana	
2. Conocimiento sobre la naturaleza del proceso de aprendizaje	
3. Sentido del humor	
4. Conocimiento de la lengua materna del alumno/a	
5. Claridad y precisión en las explicaciones	
6. Accesibilidad y trato agradable	
7. Flexibilidad en el desarrollo de la clase	
8. Disciplina y exigencia	
9. Habilidades escénicas e interpretativas	
10. Capacidad para improvisar	

6. Señala con una cruz el tipo de proceso que corresponde a las situaciones de interiorización de una lengua añadida que describimos a continuación, y justifica tu respuesta.

SITUACIONES	APRENDIZAJE	ADQUISICIÓN	MIXTO
Suzy está matriculada en un curso intensivo de español en la Universidad de Granada.			
Samir acaba de llega a España y ha pedido asilo político.			
Vladimiro hace la carrera de Filología Románica en la Universidad de Milán.			
Ana Mariza va a un colegio de la ciudad de Río de Janeiro y aprende español.			

7. Completa el cuestionario sobre creencias en relación con el proceso de aprendizaje y contrasta con las reflexiones que nosotros hemos expuesto en el capítulo correspondiente. Valora tu grado de acuerdo del 1(-) al 5 (+).

8. Enumera y explica las habilidades implicadas en el concepto de competencia comunicativa según M. Canale (1983).

9. Como alumnos de lenguas extranjeras utilizamos diferentes estrategias para potenciar y agilizar el aprendizaje. Señala aquellas con las que tú te identificas:

ESTRATEGIAS DE APRENDIZAJE
1. Cuando empleas la nueva lengua tu objetivo es comunicarte, no importa cómo.
2. Las explicaciones gramaticales te parecen una pérdida de tiempo porque no te ayudan a mejorar tu comunicación.
3. Precisas la traducción literal a tu lengua materna antes de emplear un nuevo elemento léxico.
4. Te gusta aprender el vocabulario y las nuevas expresiones por el contexto sin que sea necesaria una explicación o traducción.
5. Cuando el profesor te explica el significado de una palabra o expresión, compruebas la explicación contrastándola con el diccionario para estar totalmente seguro de que lo has entendido.
6. Te gusta practicar la lengua que aprendes en situaciones comunicativas (aunque sean ficticias y creadas en el aula) que puedes resolver de forma abierta.
7. Cuando empiezas a aprender una nueva estructura, te gusta practicarla de forma repetida en contextos muy similares produciendo una familia de frases muy similares.
8. Lo que más te ayuda en el aprendizaje es escuchar gracbaciones didácticas, televisión, radio, a los propios nativos; es como mejor aprendes.

9. Necesitas explicaciones gramaticales, esto te da confianza y acelera tu aprendizaje.

10. Te gustan las actividades o ejercicios con una única respuesta, de manera que puedas comprobar si tu respuesta es adecuada.

11. Necesitas verlo todo por escrito para entenderlo.

12. Cuando escuchas una conversación estás satisfecho con entender el sentido de la misma, es decir, «de qué va».

13. Memorizas el vocabulario escribiéndolo o repitiéndolo mentalmente.

14. Cuando no sabes cómo decir algo, te arriesgas.

15. En lenguas con una morfología verbal compleja, crees que la práctica sistemática de conjugar verbos es importante.

10. Como hablantes de lenguas extranjeras, utilizamos diferentes estrategias para resolver problemas de comunicación que surgen en la interacción tanto con hablantes nativos como con otros hablantes no nativos. Señala aquellas con las cuales tú te identificas y explica por qué crees que las prefieres frente a otras posibilidades estratégicas:

ESTRATEGIAS DE COMUNICACIÓN

1. Solicitas ayuda al interlocutor.

2. Consultas el diccionario.

3. Abandonas el tema de la conversación.

4. Parafraseas lo que quieres decir.

5. Acudes a tu lengua materna o a otra lengua conocida.

6. Utilizas recursos no verbales (gestos, etc.).

7. Creas una nueva palabra por analogía u otro procedimiento.

8. Haces una traducción literal desde tu lengua materna.

9. Creas una nueva palabra por asociación semántica.

11. Ponte en el lugar de un alumno de lengua extranjera: piensa que eres un estudiante de inglés, francés o cualquier otra lengua extranjera y rellena el cuestionario que propusimos para el análisis del contexto docente; después, contrasta tus respuestas con las de tu compañero/a. ¿Coincidís en los objetivos y necesidades? ¿Crees que se podría aplicar la misma metodología en los dos casos?

12. Indica y explica los elementos de los dos componentes del *método*.

13. Elige un metodo de español como lengua extranjera de nivel ele-

mental y aplica el esquema de análisis de los componentes del método.

14. Las orientaciones metodológicas que se han sucedido a lo largo de la historia de la enseñanza del español como lengua extranjera han sido varias. Completa el siguiente esquema de acuerdo con los criterios que establecemos:

	MÉTODO TRADICIONAL	MÉTODOS DE BASE ESTRUCTURAL	ENFOQUE COMUNICATIVO	ENFOQUE COMUNICATIVO MODERADO	ENFOQUE POR TAREAS
TEORÍA LINGÜÍSTICA					
TEORÍA DEL APRENDIZAJE					
OBJETIVOS					
CONTENIDOS					
ACTIVIDADES					
LIBRO REPRESEN-TATIVO					

15. Aplica los siguientes criterios al análisis del libro de texto que utilizas.

DESCRIPCIÓN DEL LIBRO DE TEXTO
AUTOR/ES
TÍTULO
EDITORIAL
LUGAR DE PUBLICACIÓN
FECHA
NIVEL
DESTINATARIOS

	SÍ	NO
1. Componentes • Libro del alumno • Cuaderno de actividades • Guía didáctica • Casetes • Vídeo • CD Rom • Transparencias • Pósters • Soluciones a los ejercicios • Glosario (bilingüe, multilingüe) • Otros		
2. Objetivos • Desarrollo de la expresión oral • Desarrollo de la comprensión auditiva • Desarrollo de la expresión escrita • Desarrollo de la comprensión lectora • Desarrollo integral de las cuatro destrezas • Desarrollo de un ámbito profesional concreto		
2. Contenidos • Fonético-fonológico-ortográficos • Gramaticales • Léxico-semánticos • Funcionales • Culturales • Estratégicos		
3. Muestras de lengua • Variadas • España • Hispanoamérica • Orales • Escritas • Auténticas • Ficticias		
4. Actividades • Centradas en la forma • Centradas en el contenido • Tareas • De revisión • De evaluación		

	SÍ	NO
5. Metodología • Tradicional (gramática y traducción) • Estructural • Enfoque comunicativo • Enfoque comunicativo moderado • Enfoque por tareas • Eclecticismo		
6. Tipo de lengua • Norma culta • Muestra las variedades geográficas • Muestra las variedades socioculturales • Sexista		
7. Maqueta y diseño • Atractivo • Moderno • Tradicional • Ilustraciones • Dibujos • Fotografías		
8. Otros • Tamaño manejable y cómodo • Precio adecuado		

SOLUCIONES A LAS ACTIVIDADES DE REFLEXIÓN

1. España (L1), Guinea Ecuatorial(L2), Cuba(L1), Brasil (LE), El Salvador(L1), Japón(LE), Túnez (LE).

2. Las características internas más destacables son las siguientes:

   a) *Disciplina científica*: el carácter científico lo proporciona la existencia de unos métodos e instrumentos propios para llevar a cabo la investigación.

   b) *Mediadora entre el campo de la actividad teórica y práctica*: aplica un cuerpo doctrinal creciente de conocimientos lingüísticos, psicolingüísticos, sociolingüísticos y educativos a la resolución de problemas reales.

   c) *Interdisciplinar*: el carácter multifacético y poliédrico de los problemas de que se ocupa hace imprescindible la adopción de las aportaciones de otras disciplinas.

   d) *Orientada a la resolución de los problemas que plantea el uso del lenguaje*: todos y cada uno de los problemas de los que se ocupa tienen como denominador común el componente lingüístico.

   En cuanto a las iniciativas externas, podemos destacar las siguientes:
   a) Fundación de asociaciones.
   b) Celebración de congresos y reuniones de carácter científico.
   c) Creación de publicaciones periódicas.

4. Ha sido principalmente la sucesión de una serie de iniciativas lo que ha propiciado el desarrollo de esta disciplina en España, entre las que destacamos las siguientes: publicación de revistas especializadas (*Revista Española de Lingüística Aplicada, Cable, Revista de Estudios de Adquisición de la Lengua Española, Cuadernos Cervantes de la Lengua Española, Frecuencia-L, Carabela*), creación de asociaciones profesionales (*Asociación Europea de Profesores de Español [AEPE], Asociación Española de Lingüística Aplicada [AESLA], Asociación para la Enseñanza del Español como Lengua Extranjera [ASELE]*), la puesta en marcha de cursos de formación que garantizan la especialización de nuestros docentes, la celebración periódica de congresos y seminarios (*AESLA, ASELE*), el interés de algunas editoriales por fomentar la publicación de materiales didácticos y la creación del Instituto Cervantes.

5. En cuanto a las características con las que ha de contar un profesor creemos que son fundamentales el conocimiento de la lengua y cultura hispana, un conocimiento profundo del proceso de aprendizaje y flexibilidad en el desarrollo del programa y de la clase; no obstante, esta actividad de reflexión se ha propuesto para que cada uno efectúe su opción y la justifique, ya que en determinados contextos docentes podrá ser que haya otras características o habilidades que sean prioritarias.

6. Suzy está matriculada en un curso intensivo de español en la Universidad de Granada (Mixto); Samir acaba de llega a España y ha pedido asilo político (Adquisición); Vladimiro hace la carrera de Filología Románica en la Universidad de Milán (Aprendizaje); Ana Mariza va a un colegio de la ciudad de Río de Janeiro (Aprendizaje).

BIBLIOGRAFÍA

a) *Enseñanza-aprendizaje del español como lengua extranjera*

ÁLVAREZ MÉNDEZ, J.M.,1998, «Didáctica general y didáctica específica», en A. MENDOZA FILLOLA, *Conceptos clave en didáctica de la lengua y la literatura*, Barcelona, Horsori Editorial-Universitat de Barcelona, págs. 23-32.

BYALISTOK,1990, *Communication Strategies. A Pshychological Analysis of Second Language Use*, Oxford, Basil Blackwell.

CANALE, M.,1983/1995, «De la competencia comunicativa a la pedagogía comunicativa del lenguaje» en VVAA, *Competencia comunicativa. Documentos básicos en la enseñanza de lenguas extranjeras*, 1995, Madrid, Edelsa, págs. 63-82.

CORDER, S.P.,1973/1992, *Introducción a la lingüística aplicada*, México, Limuse.

EBNETER, T.,1982, *Lingüística Aplicada*, Madrid, Gredos.

ELLIS, R.,1994, *The Study of Second Language Acquisition*, Oxford University Press, Oxford.

FAERCH, C. y KASPER, G. (eds.), 1983, *Strategies in Interlanguage Communication*, London, Longman.

FERNÁNDEZ LÓPEZ, S.,1997, *La interlengua y el análisis de errores*, Madrid, Edelsa.

FERNÁNDEZ PÉREZ, M. (coord.), 1996, *Avances en Lingüística Aplicada*, Santiago de Compostela, Servicio de Publicaciones de la Universidad de Santiago de Compostela.

GARCÍA SANTA-CECILIA, A.,1995, *El currículo del español como lengua extranjera*, Madrid, Edelsa.

HIGUERAS GARCÍA, M.,1998, *La Malla Multimedia, World Wide Web, como recurso para la enseñanza de E/LE*, Colección Aula de Español, Madrid, Universidad Antonio de Nebrija.

HYMES, D.,1971/1995, «Acerca de la competencia comunicativa», en VVAA, *Competencia comunicativa. Documentos básicos en la enseñanza de lenguas extranjeras*, 1995, Madrid, Edelsa, págs. 27-46.

INSTITUTO CERVANTES, 1994, *Plan curricular*, Madrid, Instituto Cervantes.

LARSEN FREEMAN, D. y LONG, M., 1991/1994, *Introducción al estudio de la adquisición de segundas lenguas*, Madrid, Gredos.

94   LINGÜÍSTICA APLICADA A LA ENSEÑANZA-APRENDIZAJE DEL ESPAÑOL

LIGTHBOWN, P y SPADA, L.,1993, *How Languages are Learned*, Oxford, Oxford University Press.

MARTÍN PERIS, E.,1998, «Gramática y enseñanza de segundas lenguas», en *Carabela 43. La enseñanza de la gramática en el aula*, Madrid, SGEL, págs. 5-32.

MIQUEL, L.,1999, «El choque intercultural. Reflexiones y recursos para el trabajo en el aula», *Carabela 45. Lengua y cultura y la enseñanza del español como lengua extranjera*, Madrid, SGEL, págs. 27-46.

MORENO FERNÁNDEZ, F.,1995, «La enseñanza del español como lengua extranjera», en MARQUÉS DE TAMARÓN, *El peso del español en el mundo*, Universidad de Valladolid, Fundación Duques de Soria, págs. 195-233.

OXFORD, R.,1990, *Language Learning Strategies*,Rowley, Newbury House.

PAYRATÓ, LL.,1998, *De profesión, lingüista. Panorama de la lingüística aplicada*, Barcelona, Ariel.

PINILLA GÓMEZ, R.,1994, «Recursos comunicativos en las conversaciones Hablante Nativo (HN)/ Hablante No Nativo (HNN)», en J. SÁNCHEZ LOBATO e ISABEL SANTOS GARGALLO, *Problemas y métodos en la enseñanza del español como lengua extranjera. Actas del IV Congreso Internacional de ASELE*, Madrid, SGEL, págs. 163-173.

PINILLA GÓMEZ, R.,1997, *Estrategias de comunicación e interlengua en la enseñanza del español lengua extranjera (E/LE)*, Universidad Complutense de Madrid, Tesis Doctoral inédita.

SÁNCHEZ LOBATO, J.,1997, «La lengua española, hoy», *Actas del I Simposio Internacional de Didáctica de la Lengua y la Literatura. L1 y L2,* Córdoba, Servicio de Publicaciones de la Universidad de Córdoba, págs. 240-254.

SÁNCHEZ LOBATO, J.,1999, «Lengua y cultura. La tradición cultural hispánica», *Carabela 45. Lengua y cultura en el aula de español como lengua extranjera*, Madrid, SGEL, págs. 5-26.

SÁNCHEZ LOBATO, J. y MARCOS MARÍN, F.,1988, *Lingüística aplicada*, Madrid, Síntesis.

SÁNCHEZ PÉREZ, A., 1992, *Historia de la enseñanza del español como lengua extranjera*, Madrid, SGEL.

SÁNCHEZ PÉREZ, A.,1997, *Los métodos en la enseñanza de idiomas*, Madrid, SGEL.

SANTOS GARGALLO, I., 1993, *Análisis contrastivo, análisis de errores e interlengua en el marco de la Lingüística Contrastiva*, Madrid, Síntesis.

SANTOS GARGALLO, I. y VISEDO ORDEN, I., 1996, *Catálogo de materiales didácticos para la enseñanza del español como lengua extranjera*, Madrid, Instituto Cervantes.

SANTOS GARGALLO, I. *et al.*,1998, *Bibliografía sobre enseñanza-aprendizaje de E/LE. Publicaciones periódicas españolas (1983-1997)*, Anexo a la revista *Carabela* 43, Madrid, SGEL.

SELINKER, L ,1972/1992, «Interlengua», en J. MUÑOZ LICERAS, *La adquisición de las lenguas extranjeras*, Madrid, Visor, págs. 79-101.

Slagter, P.J.,1979, *Un nivel umbral*, Estrasburgo, Consejo de Europa.
Stevick, E.W.,1989, *Success with Foreign Languages*, London, Prentice Hall International.
Van Ek, J.A.,1975, *The Threshold Level of Modern Language Learning in Schools*, London, Longman.
Van Els *et al.*,1984, *Applied Linguistics and the Learning and Teaching of Foreign Languages*, London, Edward Arnold.
Vez Jeremías, J.M.,1984, *Claves para la lingüística aplicada*, Málaga, Ágora.
Wenden, A.,1991, *Learner Strategies for Learner Autonomy*, London, Prentice Hall.
Wilkins, D.S.,1976, *Notional Syllabuses*, Oxford, Oxford University Press.
Zanón, J.,1990, «Los enfoques por tareas para la enseñanza de las lenguas extranjeras», *Cable* 5, págs. 19-27.
Zanón, J. y Hernández Mª J.,1990, «La enseñanza de la comunicación en la clase de español», *Cable* 5, págs. 12-18.

b) *Materiales didácticos que aparecen citados*

Alonso, M.,1949, *Español para extranjeros. Conversación, traducción y correspondencia*, Madrid, Aguilar.
Borobio, V.,1992, *E/LE*, Madrid, S.M.
Castro, F. Marín, F., Morales, R. y Rosa, S.,1990, *Ven*, Madrid, Edelsa.
Cerrolaza, O., Llovet, B. y Cerrolaza, M.,1998, *Planet@ E/LE*, Madrid, Edelsa.
Equipo Pragma,1985, *Para empezar*, Madrid, Edelsa.
Equipo Pragma,1987, *Esto funciona*, Madrid, Edelsa.
Miquel, L. y Sans, N.,1989, *Intercambio*, Madrid, Difusión.
Moll, F. de B.,1954, *Curso breve de español para extranjeros*, Palma de Mallorca, Editorial Moll.
Sánchez, A. *et al.*, 1974, *Español en directo*, Madrid, SGEL.
Sánchez, A. *et al.*, 1981, *Entre nosotros*, Madrid, SGEL.
Sánchez, A. *et al.*, 1987, *Antena*, Madrid, SGEL.
Sánchez, A. *et al.*, 1995, *Cumbre*, Madrid, SGEL.
Sánchez Lobato, J. y García Fernández, N.,1981, *Español 2000*, Madrid, SGEL.
Sánchez Lobato, J., Moreno, C. y Santos Gargallo, I., 1997, *Español sin fronteras 1*, Madrid, SGEL.
Sánchez Lobato, J., Moreno, C. y Santos Gargallo, I., 1998. *Español sin fronteras 2*, Madrid, SGEL.
Sans, N. y Martín Peris, E.,1997, *Gente*, Barcelona, Difusión.
VVAA, 1995, *Abanico*, Barcelona, Difusión.